人性的弱点

〔美〕戴尔·卡内基 著　陈杰 译

HOW TO WIN FRIENDS
&
INFLUENCE PEOPLE

人民文学出版社
PEOPLE'S LITERATURE PUBLISHING HOUSE

Dale Carnegie
How to Win Friends & Influence People

图书在版编目(CIP)数据

人性的弱点：80周年纪念版/(美)戴尔·卡内基
著；陈杰译. —北京：人民文学出版社,2017(2021.7重印)
ISBN 978-7-02-012340-7

Ⅰ.①人… Ⅱ.①戴… ②陈… Ⅲ.①心理交往-通
俗读物 Ⅳ.①C912.11-49

中国版本图书馆CIP数据核字(2017)第025345号

责任编辑：甘 慧 汤 淼
封面设计：汪佳诗

出版发行 人民文学出版社
社 址 北京市朝内大街166号
邮政编码 100705

印 刷 山东新华印务有限公司
经 销 全国新华书店等

开 本 890毫米×1240毫米 1/32
印 张 9
字 数 201千字
版 次 2017年4月北京第1版
印 次 2021年7月第5次印刷

书 号 978-7-02-012340-7
定 价 45.00元

如有印装质量问题,请与本社图书销售中心调换。电话:010-65233595

这本书将帮你做十二件事

一、带你走出精神窠臼，给予你新的想法、视野和野心。

二、让你快速而轻松地交到朋友。

三、增强你的人缘。

四、帮助你说服他人按照你的思维方式思考。

五、增强你的影响力、威信和解决事情的能力。

六、为你赢得新的客户和主顾。

七、增强你赚钱的能力。

八、让你变成更优秀的销售员与管理人员。

九、帮助你解决抱怨，规避争论，让你的人际关系保持稳定和令人愉快。

十、让你变成更优秀的演讲者，更让人开心的对话者。

十一、让你轻松地在日常交际中应用心理学原理。

十二、帮助你激发同事的热情。

本书献给一个不需要读它的男人：我钟爱的朋友霍默·克罗伊 [①]

[①] 霍默·克罗伊（1883—1965），美国作家，作品多描绘美国中西部的生活。也创作过几部自传和剧本。

目　录

序

通向卓越的捷径

洛厄尔·托马斯[①]

去年一月，两千五百名男女在一个寒冷的冬夜涌入纽约宾夕法尼亚酒店的大舞厅。七点半，舞厅里已经座无虚席。八点之后，人们仍在蜂拥而入。大阳台上挤满了人，新来的人连站的地方都很难找到。数千在工作中奔忙了整整一天的人情愿站上一个半小时——他们想见证什么呢？

时装表演吗？

六天自行车赛的终场仪式还是大明星克拉克·盖博的见面会？

都不是。这些人是被报纸上的广告召唤到此的。两天前的晚上，他们拿起《太阳报》，不自觉地被眼前的整版广告吸引住了。

---

① 洛厄尔·托马斯（1892—1921），美国作家、广播人、旅行家，让"阿拉伯的劳伦斯"闻名于世。

增加你的收入

学会有效交谈

掌握领导艺术

谁还要听这种老掉牙的东西啊？但神奇的是，在纽约这个地球上最世俗的城市，在百分之二十市民接受救济的大萧条期，依然有两千五百位市民在报纸广告的吸引下，来到宾夕法尼亚酒店。

更重要的是，广告不是登在什么小报上，而是出现在纽约最保守的报纸《太阳报》上。出席者全是城市里的上层人士——企业管理者、高级白领，以及年收入两千到五万不等的普通员工。

这些男女来此聆听戴尔·卡内基人际关系学院开设的"如何在职场中有效交谈和施加影响"课程的介绍会，这是一门前卫而实用的课程。

这些男女为何会齐集于此，了解这门课程呢？

是因为他们渴望在大萧条期间受到更多教育吗？

显然不是，二十四年来，每个季度，戴尔·卡内基都要在纽约开设类似课程，上课人数每次都爆满。在这些年里，纽约共有一万五千名商人和职员接受了戴尔·卡内基的培训。西屋电气、麦格劳—希尔出版公司、布鲁克林联合煤气公司、布鲁克林商会、美国电器工程师联合会和纽约电话公司这样保守的公司和团体，都在办公室里为员工和管理层开设戴尔·卡内基的课程。

离开初中、高中、大学十几二十年的职员回炉接受这样的培训，这是对现行教育系统的极大讽刺。

成年人想学些什么？这是个非常重要的问题。芝加哥大学、美国成年人教育联合会与美国基督教联合会为了解答这个问题，历时两年，花费两万五千美元，进行专项调查。

调查表明，成年人最关心健康问题。其次，他们对人际关系也很看重，希望学会与人相处和影响他人的技巧。他们不需要公开演讲，也不需要聆听心理方面的高谈阔论——他们想要的是能迅速在生意、社交和家庭生活中使用的沟通方法。

这就是成年人想要的。这让你大跌眼镜吗？

"好吧，"负责调查的人说，"他们既然需要，我们就给他们。"

他们找了一圈，没能发现任何教授处理日常人际关系的教材。

这可难办了！几百年来，有关希腊语、拉丁语和高等数学等学科的课本可谓汗牛充栋，针对一般成年人的教材却无迹可寻。但这些成年人和年轻学生有一样求知的渴望，希望得到引导和帮助，但他们能得到的帮助是零。

这就是两千五百名成年人在报纸广告的召唤下涌入宾夕法尼亚酒店大舞厅的原因。他们一直在寻找这类课程，如今终于如愿以偿。

他们曾在高中和大学览书无数，觉得这是事业成功、财路通达的唯一办法。

但他们在生意和职场上打拼许多年以后，彻底迷茫了。他们见证的许多生意上的成功不仅是因为成功者的知识，也是因为他们的演讲能力，引导他人接受自己思维方式的能力，以及兜售点子乃至自己的能力。

他们很快发现，戴上一顶船长的帽子，指挥一艘邮轮，光靠拉丁语词汇和哈佛的教科书是不够的，人格魅力和与人交往的能力对一个船长更有用。

《太阳报》上的广告说宾夕法尼亚酒店的介绍会将很有趣。事实的确如此。

十八位参加过课程的人士被引领到麦克风前——其中十五位只有七十五秒来讲述自己的故事。每隔七十五秒锤响一次，主持人会大声叫："时间到了，请下一位讲述者上台。"

介绍会在不断爆发的雷鸣般掌声中进行。大多数观众站立着旁观了一个半小时。

演讲者的身份各不相同：一个连锁店经理，一个面包师，一个商会主席，两个银行家，一个卡车销售员，一个药品销售员，一个保险推销商，一个砖厂联合会的干事，一个会计，一个牙医，一个建筑师，一个威士忌销售员，一个基督教科学派的医师，一个专程从印第安纳波利斯来纽约上课的药商，以及一个专程从哈瓦那前来演讲的律师。

第一个演讲者叫帕特里克·奥海尔，你根据他的名字就知道他是个盖尔人。奥海尔出生在爱尔兰，只上过四年学，漂洋过海到美国以后当上机修工，后来又开上了车。

四十岁以后，家里的孩子越来越多，他需要挣更多的钱，于是干起了推销汽车的行当。他由于性格内向，往往要在客户的办公室门口徘徊六七趟，才能鼓足勇气敲门。他很快就对销售员的工作灰心，觉得还不如靠双手吃饭，做个机修工。这时，他接到一封邀请函，受邀参加戴尔·卡内基有关有效演讲的学习会。

他不想参加什么学习会。他害怕参加者都是大学毕业生，自己会显得格格不入。

感到绝望的妻子觉得他应该去。"帕特，参加学习会一定会有好处，这是老天给你的帮助。"他走到开办学习会的地方，在马路边站了五分钟，然后才鼓足勇气走进去。

他头几次想在学习会上说话时，被恐惧弄得发晕。几个星期之后，他终于不再害怕面对听众。他突然发觉自己喜欢对人说话——听众越多越好。他不再恐惧。他的收入不断飙升。现在，他成了纽约的明星汽车销售员。帕特里克·奥海尔在纽约宾夕法尼亚酒店的两千五百名听众面前讲述了关于自己的成功的励志故事。人群中欢笑连连，职业演讲家中没几个能像他那样调动听众的情绪。

第二个演讲者戈弗雷·梅耶是个资深的银行从业者，同时也是十一个孩子的父亲。他第一次在课上发言时，面红耳赤，什么话都说不出来。他只要一在众人面前说话，脑子就不转了。而他的故事又表明谈话能力对一个需要提升领导力的人多么重要。

他在华尔街工作，二十五年来一直生活在新泽西的克里夫顿。二十五年来，他从没参加过社区活动，认识的人不超过五百个。

他在卡内基的班上上课不久，收到一份税单，对税单上的不合理数字大为光火。以往，他会待在家里生闷气，或拿着税单到邻居家抱怨一通。但这次，他直接戴上帽子，到了镇议会，在晚上的会议上当众发了通火。

镇民见识到他的厉害，希望他参加竞选。在接下来的几个星期里，他奔走于各个集会，谴责了浪费和公务奢侈行为。

有九十六个人参加竞选。计票结束，戈弗雷的名字排在第一位。一夜之间，他成了一个四万人社区里的明星。他在六周的演讲活动上结交的朋友，比他过去二十五年认识的朋友整整多出八十倍。

议员的工资使他的收入增加了九倍。

第三个演讲者是全国食品制造商联合会的头儿。他告诉听众，他曾经根本不敢站着在董事会会议上表达自己的想法。

这位经营者学会驻足思考以后，身上发生了两件不可思议的事。他很快成为联合会主席，以主席身份在全美的会议上演讲。他的演讲片段在合众社广播播出，刊登在全国各地的报纸和商业杂志上。

这位总裁学会了演讲的技巧以后，为公司及其产品赢得的声誉，比过去一年二十五万广告带来的声誉还大。这位演讲者承认，他过去不太情愿给下曼哈顿一些重要的客户打电话，或邀请他们共进午餐，因为害怕遭到他们拒绝。因为他演讲得到的威望，这些客户开始主动打电话邀请他共进午餐了，还为占用他的时间表示道歉。

提升与人交流的能力，是达成目标的捷径。这种能力可以使人站在聚光灯下，面对众人侃侃而谈。一个谈话能被接受的人所拥有的能力，往往大过他实际拥有的能力。

成年人教育的热潮如今正在席卷全美。这股热潮的发起者是聆听演讲并对许多演讲进行批评的戴尔·卡内基，他听过的演讲比其他人多得多。"雷普利爱信不信"娱乐公司最近出品的一部卡通片说，卡内基评论过的演讲有十五万次之多。你们也许对这个数字没有直观印象，打个比方吧，这相当于从哥伦布发现美洲大陆到如今，每天听一次演讲。换句话说，每个演讲者如果在他面前讲三分钟，他需要日夜不停地听上一整年才听完所有演讲。

戴尔·卡内基的曲折经历告诉人们，一个有理想和热情的年轻人能够到达何等高度。

卡内基出生于密苏里一个离铁路线十英里远的农场，十二岁时才第一次见到汽车。现在，四十六岁的他却到过从香港到挪威最北部城市哈默菲斯特的世界各地。他离北极点的距离，比海军上将博伊德在南极的考察总部小美利坚站离南极点的距离还要近。

这个密苏里小子曾经靠摘草莓、割牛蒡为生，每小时挣五美分。现在他给大公司的行政人员上自我表述课程，每分钟能赚一美元。

这个曾在南达科他州西部放牧牛群、检修篱笆的牛仔，后来去了伦敦，在威尔士王子殿下的保护下四处为人讲课。

这个头几次在公众面前讲话完全失败的小子，后来成了我的经理人。我经过他的培训，才有了今天的大部分成就。

卡内基小时候没钱上学。他家在密苏里州西北部的农场总是逃不开霉运。密苏里河每年都会泛滥，冲走农场里的庄稼。家里养的猪每个季度都会因霍乱而死，牛和骡子在市场上也卖不出什么价钱，银行三天两头威胁要取消农场抵押品的赎回权。

他们家一再经受挫败，只能卖了原先的农场，在密苏里州瓦伦斯堡国立师范学院附近买了个新农场。师范学院附近的租房是一天一美元，卡内基付不起这个钱，只能天天骑马行三英里上学。他放学回家以后，还得给家里的奶牛挤奶，到树林里砍伐木头，去猪圈喂猪。他干完活以后，才能在昏暗的煤油灯下学习拉丁文词汇，看到眼皮子打架，才结束一天的学习。

他午夜才上床睡觉，却把闹铃定在凌晨三点。他爸爸养了些杜洛克纯种大红猪猪崽——小猪容易在寒冷的冬夜被冻死。它们被包进麻袋，放在厨房炉子后面的篮子里，这样就不会受冻了。天性使然，它们凌晨三点就要吃顿热饭。闹钟一响，卡内基就得把它们从麻袋里取出，提着篮子去它们的妈妈那儿。母猪喂完猪崽以后，他再把猪崽放回温暖的炉子后面。

州立师范学院有六百名学生，戴尔·卡内基是少数几个没钱在城里租房的学生之一。他对每天骑马回家、晚上还要给奶牛挤奶感到羞耻，为太紧的大衣和太短的裤子感到羞耻。他短暂迷茫之后，开始寻找走向成功的捷径。他很快找到在学校里获得尊重和影响力的捷径——打橄榄球、棒球，或在公开的演讲比赛中获奖。

他意识到自己没有运动天赋之后，决定争取在演讲比赛中获奖。他为演讲比赛准备了好几个月。他每天骑马往返学校时，给奶牛挤奶时，在谷仓里堆草时，都会独自高谈阔论，对受惊的鸽子阐述限制日本移民的必要性。

他虽然准备充分且充满热情，但起初还是遭遇了一次又一次失败。他当时十八岁，正处于敏感而自傲的时期。他变得非常沮丧，甚至想到自杀。但事情随后突然有了转折，他开始在演讲比赛中获胜，不是赢一次，而是每次都赢。

有志于演讲比赛的学生纷纷到他那里取经。在他的指导下，这些人也纷纷在演讲比赛上获了奖。

他大学毕业以后，开始开设针对内布拉斯加西部和怀俄明东部的农场工人的交际课程。

他虽然精力无限，热情亲切，但没有多少农场工人来上课。他非常灰心，大白天躺在内布拉斯加阿里安斯旅店的床上伤心落泪。

他希望回到大学校园，希望从激烈的人生战役中撤退，但他这时已经没有回头路可走。于是他前往奥马哈，寻找另一份工作。他没钱买火车票，于是乘货运列车，以给两车皮野马喂水喂食换得坐车的资格。他到了南奥马哈以后，找到给阿莫尔百货公司兜售培根、肥皂和猪油的工作。他负责奥马哈最贫穷的区域以及南达科他西部的印第安人村镇。他乘货车以及骑马前往这些地方，住在以薄布隔开床位的简易旅店里。他在旅途中研读销售书籍，驯服野马，与印第安人玩扑克，学习挣钱的方法。商店的店主如果无法支付培根和火腿的费用，他会从货架上取下十几双鞋，将这些鞋卖给铁路工人，然后把铁路工人开的支票交给公司。

他通常每天要坐货运列车行驶一百英里。列车停下卸货时，他会飞奔到城里，见三四位商人，从他们手里拿到订单。开车哨吹响，他像离弦之箭一样沿着街道奔向车站，在列车行驶之前跳上去。

他在不到两年的时间里，把在南奥马哈二十九个销售区域里排名第二十五的销售区域提升到销售排行榜前列。阿莫尔公司许诺让他升职，说："你做到了看起来完全不可能的事情。"但他拒绝新职位，去了纽约，在美国戏剧艺术联合会学习，后来在巡回全美的《波莉的马戏团》中饰演哈特利医生一角。

卡内基永远成不了布斯或巴利摩尔那样的主角。他自己很清楚这一点。巡回演出结束以后，他再度做销售员，为帕卡德汽车公司推销汽车。

他对机械一窍不通，对与汽车相关的领域完全没有兴趣，只是数着日子完成每天的工作。他希望有时间学习，希望撰写在校园时就渴望写的书。于是一段时间以后，他又辞职。他准备写些故事和小说，靠在夜校教书养活自己。

他能教些什么呢？他回想校园里的经历，给同学教授演讲方面的知识给了他信心和勇气，在校园里学会的与人打交道的能力，带给他的东西比大学里其他所有课程加在一起带给他的东西还要多得多。于是，他请纽约的基督教青年会给他个机会，让他教授生意人该如何在他人面前说话。

他要把生意人都变成演说家吗？太荒唐了。他们曾经试行过这样的课程，但每次都以失败而告终。

基督教青年会不肯给他每晚两美元的工资，只肯采用佣金制，让他从纯利中拿到一定的比例——也就是说，课程赚钱，他才能拿工资。其后三年里，他们平均每个晚上付给卡内基三十美元——定额工资的十五倍。

这个课程越传越广，其他城市的基督教青年会闻风而动。卡内基很快成为纽约、费城、巴尔的摩、伦敦和巴黎的知名讲师。蜂拥而来的生意人觉得，以前的课本都太不实用了。于是卡内基静下心来，开始撰写《商务场合演讲和影响人的方法》。时至今日，这本书还是美国基督教青年会、美国银行家联合会以及全国信用联盟的指定课本。

现如今，每个季度去戴尔·卡内基的培训班学习演讲的人，比纽约二十二个大学和学院此类延伸教育培训班招收的学生多出许多。

戴尔·卡内基认为，人们生气时会变得能言善辩。他说，你在城里打了一个素不相识的人的下巴，把他击倒在地，对方会立刻爬起来，滔滔不绝地表达愤怒，处在巅峰时期的演讲家、政治家威廉·詹宁斯·布莱恩都不如他。他还说,只要有信心和呼之欲出的热望,几乎每个人都能在公众面前畅所欲言。

他说增强自信的方法是做你害怕做的事情,获得多次成功。为此,他强迫每个学生在每节课上都说上一段。学生们不会嘲笑演讲者,因为他们也是因为不敢在他人面前说话才来这里的。他们经过反复不断的练习,获得了演讲需要的自信、勇气和热情。

戴尔·卡内基告诉你,他这些年来的职业不是教人演讲——教人演讲只是个巧合。他的职业是教人克服恐惧,增强信心。

一开始,他的课程只是教人在公众面前说话,学生大多是生意人。许多人已经三十来年没进过课堂,大多数人采用分期付款的方式付学费。他们要的是结果,需要立刻看到结果——他们希望第二天就能在商务谈判中自如地和客户说话。

这就是说,他的课程必须实用而高效。他很快就形成了一套独到的教学系统——集在公众场合演讲、销售技巧、人际关系和应用心理学于一体的演讲。

这门课程经过多年完善,逐渐发展为一门寓教于乐,能使学生切实提高自身职业能力的课程。

学生上完课程之后,通常两周聚会一次,这样的聚会往往会延续很多年。费城培训班的学生即使在大冬天也没中断过两周一次的聚会。人们经常驱车五十到上百公里参加聚会。一个学生每周乘火车从芝加哥到纽约参加聚会。

哈佛教授威廉·詹姆斯曾经说过,大多数人只开发了自己百分之十的智力。戴尔·卡内基通过帮助职业人士开发自身无限的可能性,创造了成人教育中最伟大的奇迹。

自序

如何以及为何写这本书

戴尔·卡内基

在过去三十五年中，二十多万种各类读物在美国出版。大多数书籍沉闷，许多书籍卖不掉。你们没听错，有许多书籍根本卖不掉。最近，世界最大出版公司的总裁向我承认，他们公司尽管拥有七十五年的出版经验，但他们出版的八本书里有七本会亏钱。

既然如此，我为何要写这本书呢？这本书出版后，读者为何要抽空读它呢？

这是两个很好的问题。你读完下文便可知道答案。

我从一九一二年起开始在纽约为职业人士开办教育课程。起先，我只开设了演讲课——用我的演讲经验训练他们在商业会谈和众人面前站立思考，继而清晰、有效、镇定地表达自己的想法。

我做了几个季度的培训，渐渐意识到，这些成人固然需要得到如何说话的培训，但更需要在日常生活与社会交往中与人沟通的技巧。我觉得自己也急需这种训练。我回顾以往，发觉自己经常因为在与人交往中得不到理解，交往技巧太过僵硬而感到沮丧。我二十年前如果能拿到这样一本书该多好啊！那本书一定会是我的无价之宝。如何与人交往也许是常人面对的最大问题。这个问题对生意人尤其重要。会计师、家庭主妇、建筑师和工程师也会碰到这样的问题。几年前，在卡内基基金会资助下进行的一项调查表明——这个结果后来又被卡内基研究院的一项研究证实——即便在工程这种纯技术领域，一个人的成功只有百分之十五来自于他自身所掌握的技术，另外百分之八十五则来自于他的个人魅力——即人格以及领导他人的能力。

多年来，我每个季度都在费城的工程师俱乐部和美国电机工程师学会纽约分会开办课程。一千五百多名工程师来我这里受过训。他们经过多年的观察意识到，工程领域薪酬最高的人往往不是具备这方面知识最多的那些人，而是最善于沟通的人。因此他们纷纷到我的班上报名。打个比方，我们可以用每周二十五到五十美元的酬劳雇到工程、财务、建筑或其他领域的技术人才。市场上永远不缺这类人。但具备技术知识，又能表达自己想法，领导他人，激发周围人热情的这种人就少了——他们也势必会拿到比他人更高的薪水。

石油大王约翰·洛克菲勒在生意最鼎盛时说：

与人打交道的能力与糖和咖啡一样，都是可买卖的商品。我愿意出钱购买这种能力，它比世上其他任何东西都重要得多。

既然这样，美国的大学不会一窝蜂地传授这种世上最重要的能力吗？是的，它们的确开设了这门课。但这些大学教给学生的都是千篇一律的东西，和我现在要写的东西完全不一样。

芝加哥大学和美国基督教青年会联合进行了一项调查，希望发现成年人真正想学什么东西。

这项调查进行了两年，花费两万五千美元。调查的最后一步是在康涅狄格州的梅里登进行的。梅里登是个典型的美国小城。这里的每个成年人都被要求回答一百五十六个问题——问题诸如："你的工作是什么？你的教育程度如何？你闲暇时干什么？你收入多少？你的兴趣爱好是什么？你想达到什么样的高度？你有什么急需解决的问题？你上学时最喜欢哪门课程？"调查表明，成年人最关心健康，其次是人际关系：如何理解他人并和他人交往？如何让他人喜欢你？如何让他人理解你的想法？

芝加哥大学和美国基督教青年会针对调查结果，想为梅里登的成年人开设一门教授人际关系的课程。他们努力想找到实用的课本，但一本也没有找到。最后他们找到世界最著名的成人教育权威，问他知不知道适合这一群体的教科书。"没有，"权威想都没想就回答说，"我知道这些人的需求，但针对他们的教材还没写出来呢！"

我由经验得知，这话无疑是正确的。我花了很多年，想得到一本实用而有效的人类关系学手册，但一无所获。

我因为找不到这种书，就自己写了一本在上课时用。就是你们接下来将看到的这本书。希望读者喜欢它。

我为了写这本书，阅读了能找到的所有相关资料——从多罗茜·迪克斯 ① 的演讲，离婚法庭的庭审记录，《为人父母》杂志，

---

① 多萝西·迪克斯（1861—1951），美国十九世纪女权活动家。

奥弗斯特里特 [1] 教授的作品，阿尔弗雷德·阿德勒 [2] 的病例，到威廉·詹姆斯的哲学讲义，不一而足。此外，我还雇用一位经验丰富的抄写员，让他用一年半时间在各个图书馆阅读可能被我遗漏的资料，钻研各类心理学著作，从浏览过的大量杂志和人物传记中研究大人物是如何待人接物的。我们阅读了各个时代的伟人传记，浏览了从恺撒到爱迪生等各界人士的生平轶事。我们光为了研究西奥多·罗斯福，就阅读了关于他的不下百种传记。我们不计时间和费用，只想从古往今来名人的实践中发现结交朋友和影响他人的真谛。

我还亲自拜访十来位成功人士，其中一些是全球知名的人物，他们中包括马可尼 [3]，富兰克林·罗斯福，欧文·扬 [4]，克拉克·盖博，玛丽·皮克福德 [5] 和马丁·约翰逊 [6]。我从他们身上探求人际交往的技巧。

我总结这些材料，发表了一次简短的演讲。我把演讲的题目定为"如何结交朋友和影响他人"。这篇演讲只是在最初时很短，现在已经扩展成耗时一小时三十分钟的长篇大论。这些年来，我每个季度都在纽约的卡内基研究院发表这篇演讲。

---

[1] 哈里·奥弗斯特里特（1875—1970），美国作家和演讲家，其关于现代心理学和社会学的书籍颇受欢迎。
[2] 阿尔弗雷德·阿德勒（1870—1937），奥地利精神病学家，个体心理学创立者，著有《自卑与超越》等。
[3] 吉列尔莫·马可尼（1874—1937），意大利发明家和电气工程师，长距离无线电传输领域先驱者。
[4] 欧文·扬（1974—1962），美国律师、外交家与实业家。
[5] 玛丽·皮克福德（1892—1979），美国早期电影明星。
[6] 马丁·约翰逊（1819—1904），美国著名油画家。

我做完演讲之后，会让听演讲的人在工作和社会交往中实践演讲教授的技巧，重回课堂后再把他们的经历和获得的成果讲述一遍。对他们而言，这是种非常有趣的体验。渴望得到自我提升的男男女女沉迷于这种全新的试验——这是第一次有人针对成年人的人际关系进行试验。

这本书不是通常意义上的教科书。它和成长中的孩子一样，不断进步。它是数千名实验者经历的结晶。

几年前，我们开始把一些待人接物的规则印在和明信片差不多大的卡片上。一个季度后，我们印了稍大一些的卡片，接着又印了传单和一系列小手册。时间流逝，这些宣传品在规格和内容上不断扩张。我们经过十五年的试验和探索，终于将实验成果汇总成现在的这本书。

印在卡片上的这些规则并不只是理论和揣测。它们具有一种看不见的魔力。听来似乎难以置信，但这些规则确实彻底改变了许多人的生活。

上个月，一个拥有三百一十四名员工的老板学了这门课程。多年来，他一直口无遮拦地批评和指责雇员，从没赞赏和鼓励任何一个雇员。这位老板学习此书中的原理以后，完全改变了人生观。他领导的企业充满前所未有的忠诚、热情与合作的精神。三百一十四个敌人变成三百一十四个朋友。他在班上演讲时说："我以前视察员工工作时，没有一个人和我打招呼。我走近时，他们往往避开我的目光。现在他们都成了我的朋友，连门卫在我走过时都会和我打声招呼。"他的雇员变得高效而且充满活力，更为重要的是，他在家庭和职场中都得到了更多的快乐。

很多销售员运用这些原理以后，提升了业绩。许多人找到了新客户——之前高攀不上的客户。他们得到了更高的职位和薪水。有位参加上一季课程的销售员活学活用这本书中的原理，薪水整整增加了五千美元。费城油气公司的一位管理人员因好斗和管理无方被降职，学习了这门课程以后，六十五岁的他因为工作出色而得到升职加薪。

参加课程结业酒会的妻子们不止一次告诉我，她们的丈夫接受培训以后，家里的气氛比以前更融洽了。

学员们常为他们在工作中取得的成绩感到惊诧不已，觉得自己好像突然掌握了什么魔法。他们有时会迫不及待地打电话到我家，把在工作中取得的成就讲给我听。

上个季度的课程开班时，有个学员对书中的这些原理感到非常激动，和班上的另一位学员在家中一直探讨到深夜。凌晨三点，另一位学员到自己家。但这前一位学员还是久久不能入睡，仍然为自己以往所犯的错误震惊，为突然在自己眼前打开的新世界感到振奋。那天晚上他压根没睡。接下来的一天一夜也没能睡着。

这个人是谁？是个没有社会经验的菜鸟吗？是个会沉迷新鲜理论的轻信者吗？都不是。他是个城府极深、经验老到的艺术品经纪人，通晓三国语言，拥有两所大学的学位，在纽约享有极高的声誉。

我写这篇文章期间，从一个几代都是霍亨索伦王室 ① 职业军官

---

① 德意志主要统治家族。

的德国同学那里收到一封信。他在越洋客轮上写就的这封信讲述了这些原则的应用实例，他对我的这本书抱着宗教般的热情。

　　一个土生土长，在《社交名人录》上拥有一席之地的纽约哈佛毕业生声称，我十四周培训系统教给他的影响他人的课程，比他大学四年学到的东西还要多得多。荒唐吗？可笑吗？难以置信吗？你们可以拒绝相信任何你们不想听的广告。但我在这里只是不加评论地把一个成功的哈佛毕业生一九三三年二月二十三日晚上在耶鲁大学俱乐部大约六百名听众面前发表的演说介绍给大家。

　　哈佛著名心理学教授威廉·詹姆斯说：

　　我们远远没有达到应该达到的高度，我们还差得很远。我们目前只利用了自身身心资源的很小一部分。大多数人只是生活在一定的局限之内。殊不知，他们真正拥有的各种能力超出界限很多。

　　我们就是要运用"超出界限很多"的能力。本书的唯一目的，就是帮助人们发现、发展和利用自己那些潜在的未被开发的能力。

　　"教育要练就受教育者面对生活的能力。"普林斯顿大学前校长约翰·希本博士说。

　　你如果读完本书的前三个章节，在面对生活时还没有一点长进，我会认为这本书彻底失败了。因为正如赫伯特·斯宾塞[①]所说，学生"受教育的最大目的不在于获取知识，而在于培养自己的能力"。

---

① 　赫伯特·斯宾塞（1820—1903），英国哲学家和社会学家。

你们将要读到的就是一本旨在培养能力的书。

这篇前言和大多数前言一样，已经过长了。那我们开始这段学习的旅程吧。请马上翻到本书的第一个章节。

第一部

与人相处的基本技巧

第一章

如欲采蜜，勿蹴蜂房

　　一九三一年五月七日，纽约见证了一起闻所未闻的搜寻案。警方经过几个星期的搜捕，在西区大街其女友的公寓将烟酒不沾的"双枪杀手"克劳利擒获。

　　一百五十名警官和探员包围了克劳利藏匿的顶楼。他们在楼顶钻了个洞，准备用催泪瓦斯把"警察克星"克劳利逼出来。他们还在四周的建筑物上架上机关枪。一个多小时以后，机关枪和手枪"哒——哒——哒"的声音响彻纽约这个高级住宅区。克劳利躲在放满杂物的椅子后面，不时朝警察放冷枪。上万市民目睹了纽约这场难得一见的街头混战。

　　克劳利被捕以后，纽约警察局局长马洛尼宣称，"双枪杀手"克劳利是纽约历史上最危险的罪犯。照他的说法，"克劳利是个动不动就杀人的狂徒"。

　　但"双枪杀手"克劳利又是如何看自己的呢？我们已经知道他对自己的看法。警察在对公寓开火时，他写了封给"有关人士"的信。他写信时，伤口的鲜血在信纸上留下一道猩红色的血迹。他在信中写道："我的外表下面隐藏着一颗疲惫但善良的心——一颗不会伤害任何人的心。"

搜捕行动展开前不久，克劳利和女友在长岛的乡村公路上寻欢。一名警察走近停着的车前，对他说："请出示你的驾驶证。"

克劳利一言不发，拿出枪，对着警察一通狂射。警察倒地以后，克劳利跳下车，拿走警察的左轮手枪，朝一动不动的尸体又开了一枪。就是这个人宣称："我的外表下面隐藏着一颗疲惫但善良的心——一颗不会伤害任何人的心。"

克劳利被判处死刑。他抵达新新监狱^①的行刑室时，没有说"这就是我杀人的代价"，而是说"这就是我自卫的结果"。

这个故事的重点就是，"双枪杀手"克劳利根本不觉得自己有什么错。

这种态度非同寻常吗？你读完下面这段就不会这样想了：

"我把最好的年月都用来让他人开心，我让许多人得到了快乐。可我只得到辱骂，被人追捕，惶惶不可终日。"

这是阿尔·卡庞所说的一段话。没错，就是那个鼎鼎有名的黑社会头子，在芝加哥被处决的帮派头目。卡庞也不曾自责过。他自认为施福于民，只是他频频被拒绝，被误解。

在诺瓦克死于黑帮枪口之下的达奇·舒尔茨也是如此。这个臭名昭著的恶棍生前接受报纸采访时自诩为慈善家，并对这点深信不疑。

我曾经就这个问题和新新监狱的典狱长沃伦·刘易斯通过几次

---

① 纽约州州立监狱。

信。他在信中说："很少有囚犯承认自己是坏人。他们和你我一样，都会为自己辩解，将自己的行为合理化。他们会告诉你他们为什么要撬保险箱，为什么要开枪伤人。他们总能为自己的反社会行为找出一大堆理由，不管那些理由能否站得住脚。结论自然是一样的：他们压根就不该被关进监狱。"

如果卡庞，"双枪杀手"克劳利，达奇·舒尔茨以及监狱中的亡命之徒都认为自己什么都没做过，那么你我身边的人是不是更会如此认为呢？

已故的连锁百货商店创始人约翰·沃纳梅克曾经说："我三十年前就明白责备他人这种行为很愚蠢。我不会抱怨上帝没有平均分配各个人的智力，克服自己的种种缺点已经让我自顾不暇。"

沃纳梅克早就领会这一点。我在这个世俗世界浑浑噩噩地行走了三十多年，才明白这个道理……很少有人为责备自己，不管他错得多么离谱。

批评常常是无效的，因为批评常常使被批评者采取守势，急于证明自己。批评也是危险的，它会伤人自尊，削弱被批评者的存在感，平添怨恨。

著名心理学家 B.F. 斯金纳通过对动物进行实验证明：奖励比惩罚更有效，受到奖励的动物学习能力更强，能够学习的时间也更长；因坏行为受到惩罚的动物，学习能力和能够学习的时间都比前者差。此后的研究在人类身上得到了同样的结论。批评不会改变事实，只会招致怨恨。

心理学家汉斯·塞利也曾说过："很多事例表明，我们非常害怕受到指责。"

德军禁止士兵在战败之后投诉或发牢骚。有怨气的人必须把埋怨放在心里，自己整理好心情。投诉的人会受到处罚。应该有一部针对日常生活中抱怨的法律——唠唠叨叨的父母，不听话的妻子，吹毛求疵的雇主和讨厌的找茬者都该受到法律的制裁。

你可以在历史长河中找到许多无效批评的例子。西奥多·罗斯福和塔夫脱总统间的那场争吵是一个著名的例子——两人不睦导致共和党分裂，将伍德罗·威尔逊送入白宫。伍德罗·威尔逊其后在第一次世界大战中建立功勋并改变历史走向。我们回忆一下这次争吵的全过程吧：一九〇八年，西奥多·罗斯福离开白宫，塔夫脱当选为总统。西奥多·罗斯福前往欧洲，过上猎狮的悠闲生活。他回到美国后，生出事端来。他谴责塔夫脱的保守作风，准备组织"进步党"，第三次竞选总统。这几乎毁灭了共和党。在接下来的选举中，威廉·霍华德·塔夫脱和共和党只获得了佛蒙特和犹他两州的选票。这是共和党有史以来最大的一次失败。

西奥多·罗斯福责备塔夫脱，可塔夫脱是否自责呢？当然没有。塔夫脱两眼含泪，说："我不知该怎样做，才能和以前做的有所不同。"

他们俩谁该受到谴责呢？我不知道，也不关心。我只想指出一点，罗斯福的所有批评，并没使塔夫脱觉得自己错了。塔夫脱只是尽力为自己辩护，眼含泪水，反复说："我不知道自己到底有什么错！"

谁还记得那个轰动一时的"石油保护地舞弊案"吗？报纸连续几年批判这个案子，这件事轰动朝野内外。美国历史上从未发生过给公众留下如此深刻记忆的大事件。舞弊案的经过是这样的：哈丁总统的内政部长阿尔伯特·霍尔主管政府在爱克山和蒂波特山石油保留地外租的事。这两片油田是政府预备未来给海军用的。霍尔是不是公开招标了呢？不，他没有，而是把这个好项目给了他的朋友爱德华·多赫尼。多赫尼则给了这位部长十万美元"贷款"。接着，霍尔用职权命令美国海军进驻该地区，把在附近采油的其他油商都赶走。这些屈服于枪炮的油商上告，揭开这件涉及上亿美元的丑闻的盖子。舞弊案轰动全美，也毁了哈丁政权。共和党几乎瓦解，阿尔伯特·霍尔因此而锒铛入狱。

霍尔被骂得狗血喷头——很少有人遭到过如此普遍的批评。但他后悔了吗？不，根本没有！几年后，赫伯特·胡佛在一次公开演讲中说，哈丁总统是由于心力不支和朋友的出卖而死的。当时霍尔的妻子也在座，听见此话，立刻从座位上跳起来，挥着拳头失声大哭。她说："什么？哈丁是被霍尔出卖的？不，我丈夫从未辜负过任何人。就算这间屋子堆满黄金和钞票，他也不会动心。他是被他人出卖才走进监狱的。"

人类的天性就是这样。做错事之后只会责备他人，绝不会责备自己。每个人都是如此。你我明天想要批评他人时，就想想卡庞、"双枪杀手"克劳利和霍尔之流。批评就像家养的鸽子，总会自己飞回来的。我们指责一个人时，他会为自己辩护，并反过来指责我们。连温和的塔夫脱也说："我不知该怎样做，才能和以前做的有所不同。"

一八六五年四月十五日星期六早晨，亚伯拉罕·林肯躺在简陋公寓的卧室中濒临死亡。这幢公寓就在布斯枪击他的福特剧院对面。林肯身材瘦长，躺在一张略显短小的床上，床头的墙上挂着罗莎·彭赫尔名画《马集》的复制品，显得阴郁的煤气灯散发幽暗昏黄的光芒。

林肯即将去世时，陆军部长斯坦顿说："这里躺着人类有史以来最杰出的统治者。"

林肯与人相处无往而不胜的秘诀是什么？我花费十年左右的时间研究他的一生，并花费三年时间，写作和修订一部有关于他的书《林肯的另一面》。我相信自己对林肯性格和居家生活的研究比任何人都要透彻，对林肯待人处事的方式也很有心得。林肯喜欢批评人吗？是的，他住在印第安纳州湾谷时年轻，不但喜欢批评他人，还写信作诗讥笑他人。他常把写好的信扔到乡间路上，故意让当事人发现。其中一封信使被批评者恨了他一辈子。

林肯在伊利诺斯州的斯普林菲尔德做了律师以后，仍旧喜欢在报纸上公开抨击对手，但频率比以往低了很多。

一八四二年秋天，林肯写文章讥笑自视甚高的爱尔兰政客詹姆斯·西尔兹。他在《斯普林菲尔德日报》上发表一封匿名信，使西尔兹被全城的人引为笑料。敏感而骄傲的西尔兹对此盛怒不已。他查出写信人以后，立刻跳上马，要去找林肯决斗。林肯不愿意决斗，但为了尊严不得不接受挑战。林肯作为被挑战者，拥有选择武器的权利。他的手臂特别长，于是选用骑兵用的宽剑，并向一位西点学校毕业生讨教剑术。到了约定日期，他和西尔兹来到密西西比河的沙滩上，准备一决生死。不过在最后一刻，两人的朋友制止了这场无聊的决斗。

这是林肯一生中最为惊人的一件事，这件事让他懂得了与人相处的艺术。此后，他再没写过羞辱人的信，也没有随意嘲弄过他人。从那时起，他几乎没有为任何事谴责过任何人。

美国内战时期，林肯多次更换波多马克前线的将领——麦克米兰、波普、伯恩赛德、胡克尔、米尔德——但他们总是失败，林肯非常失望。群众纷纷谴责这些将领无能，但林肯"保持缄默，从不怨天尤人"。他现在最喜欢的名言是"你不论断他人，他人也就不会论断你"。

林肯夫人像其他人一样谴责南方人，林肯对她说："不要指责他们，我如果是他们，也会那样做的。"

一八六三年七月一日到三日，葛底斯堡战役如火如荼地进行。七月四日夜间，李将军率领伤兵败将在暴雨中撤到波多马克河边，前有高涨的河水，后有紧逼的追兵，李将军被彻底围困，完全没有退路。林肯觉得这是天赐良机——活捉李将军，结束这场战争。兴奋中，林肯未开战前会议，立即发起进攻的军令。林肯发了封电报，又派了个通信员到米尔德的驻地，让他赶紧行动。

米尔德将军是怎么做的呢？他公然违抗林肯的命令，组织召开战前会议。但他随后犹豫了，彷徨了。米尔德在给林肯的电报中给出各种理由，拒绝进攻李将军的部队。潮水很快退去，李将军越过波多马克河，顺利南逃。

林肯勃然大怒，对着儿子罗伯特狂吼："老天，这究竟是怎么了？敌人就在我们伸手可及的地方，我们只要一伸手，他们就在劫难逃。但我的命令无法使部队移动半步。任何人在那种情况下都能轻易打败李将军，我都能让李将军俯首就擒。"

他极端失望，坐下来给米尔德写了一封信，表达不满。这时的林肯在言辞举止方面比以往更保守，但他在一八六三年写下的这封信里表达了极度的不满。

亲爱的将军：

　　我相信你对李将军的逃走感到很遗憾。李将军就在我们伸手可及之处，他被俘加上我们最近取得的一系列胜利意味着战争顺利结束。现在，战争将无休止地继续下去。上周一，你没能抓住李将军，放他逃到波多马克河以南。你在拥有不到先前三分之二兵力的情况下，怎能保证在南方取得胜利呢？希望你成功太不理智了，我也并不期望你现在能做得更好。良机就这样失去了，我真是非常遗憾！

　　米尔德读了这封信以后，会做出什么样的反应呢？

　　米尔德没有读到这封信。林肯没把信寄出。林肯死后，人们在他的文件中发现了这封信。

　　我的猜测是——这仅仅是我的猜测——林肯写完这封信以后，看着窗外，自言自语道："慢着，我也许不该这么性急。坐在白宫让米尔德发动攻击确实很轻松。如果在葛底斯堡的人是我，如果我目睹了米尔德上周看到的惨状，耳中充斥米尔德听见的惨叫，我也许也不会那么急于追击。我如果像米尔德那样怯懦，也许也会采取他的做法。现在木已成舟，做什么都于事无补。我寄出这封信只能一时痛快，别无其他用处。米尔德想必会尽力维护自己。他会为自己辩解，反过来攻击我。这只会让大家都不痛快，妨害他的前途，他也许会被迫离开军队。"

　　如前所述，林肯没有把信发出，而是把它放在一边。惨痛的经验告诉他，尖锐的批评和斥责永远不会有效果。

西奥多·罗斯福总统曾经说，他任总统时，每当遇到难以解决的问题，就会仰头看看挂在墙上的林肯像，自问："林肯处在我眼下这种境遇，会如何解决问题？"

我们今后想指责他人时，可以从口袋里拿出一张五元的钞票，看着钞票上的林肯画像，扪心自问："林肯遭遇这种事，会如何处置呢？"

你们想改变什么人，或希望帮助什么人进步吗？这样的想法很好，我非常赞同你们这么做。但为何不从改变自己开始呢？从自私的角度看，让自己进步比帮助他人提高更有益——还少了许多风险。

维多利亚时代诗人布朗宁曾说："一个人开始和自己战斗时，就渐有价值了。"你们可以用从现在到圣诞节的这段时间来完善自己，然后享受一个长假，把新年长假用在祝福或评判他人上。

但你首先要完善自己。

"你的门廊肮脏不堪时，"孔夫子曾经这样说，"别去抱怨邻家屋顶的脏雪。"

我年轻时总想给人留下深刻印象。我曾给美国极负盛名的作家戴维斯写过一封极其愚蠢的信。我当时正为一家杂志撰写关于作家的文章，在信中向他讨教写作手法。几个星期以后，我收到底部加了批注的回信："信系口述，未经过目。"这句话给我留下深刻印象，我想戴维斯一定是个忙碌的大人物。我是个平常人，但非常想引起理查德·哈丁·戴维斯的注意，因此在复函的后面加上这句：

"信系口述，未经过目。"

戴维斯不屑再给我回信，而是把那封信退了回来，在信尾潦草地写道："你的作风恶劣得无以复加。"是的，我弄巧成拙了，应该得到这样的斥责。但我对他怀有极度的愤恨。我十年后获悉戴维斯去世的消息时，首先想到的事是——我一直羞于承认——我所受到的伤害。

你如果想明天激起一股愤恨，使人痛恨你十年，直到你死了还痛恨你，你只要发表一通刻薄的批评就可以了——批评恰如其分也不会有什么两样。

你应该记住，我们相处的对象并不是绝对理性的动物，而是充满情绪、偏见和虚荣的人类。

批评是非常危险的，在虚荣和自傲的助推下可能会引发灾难，甚至会带来死亡。我举个例子，莱昂纳德·伍德将军受到批评，没被获准随军前往法国，他英年早逝或许正是因为自尊心受到严重打击。

英国文学泰斗哈代曾因苛刻的批评而放弃写作。英国诗人托马斯·查特登因为受人批评而结束了自己的生命。

本杰明·富兰克林年轻时和你我一样莽撞，年长以后却善于与各种人周旋，具有相当的外交手腕，并凭此当上美国的驻法大使。他的成功诀窍是："我不说他人的不好，只说人家的好。"

只有不够聪明的人才批评、指责、抱怨他人。

要做到包容和宽恕，需要修养和自制力。

托马斯·卡莱尔说："伟人的伟大是在其对待小人物的方式中

体现出来的。"

　　我们不要批评他人，而是试图理解他们，试着去理解人们做出那种言谈举止的原因。这是比单纯的批评有效得多的沟通方式。理解与同情、忍耐、慈爱是相伴相生的。"全然了解，就是全然宽恕。"

　　正如约翰逊博士所说："上帝直到最后一天也没去论断人。"

　　上帝都没有论断人，那你我为何还要论断人呢？

第二章

与人打交道的大秘密

你想过没有？天底下只有一种方法可以使人做任何事。是的，只有一种，那就是使对方自己产生想做的愿望。

除此之外，别无他法。

你可以用枪指着他人的后背，让他交出手表。你可以以解雇相威胁，让员工为你干活——不过你一离开他们就放任自流了。你也可以软硬兼施，教育孩子。可这些鲁莽的手段只能带来激烈的反弹。

唯一能让人做事的方法是，给他想要的东西。

人们想要什么呢？

二十世纪著名心理学家西格蒙德·弗洛伊德说，一个人做事的动机起源于性冲动和渴望伟大这两方面。

美国哲学家约翰·杜威的表述略有不同。他说人最深层次的欲望是被人重视。记住这句话："被人重视的渴望。"这一点相当重要。在本书中，你将多次听到这句话。

一个人到底需要什么呢？并不多，但有少数几种是你极其渴望拥有的。几乎每个人都需要的是：

一、健康长寿

二、食物

三、睡眠

四、金钱及它所购买的东西

五、未来生活的保障

六、性生活的满足

七、子女的幸福

八、被人重视的欲望

以上除了一项，几乎都不难被满足。这种像食物和睡眠一样为人迫切需要但很难得到满足的东西，就是弗洛伊德所谓的"渴望伟大"，也就是杜威所谓的"被人重视的欲望"。

林肯在一封信的开头说："人人都喜欢被人称赞。"心理学家威廉·詹姆斯说："人类天性中，最深切的渴望是被人肯定。"他没用"希望"、"愿望"，而是用"渴望"表现这种需求的迫切程度。

这种欲望在每个人心里蠢蠢欲动，但很少有人深谙这个道理。能一解他人心灵之渴的人就能掌控他人，这样的人去世后，"就连陌生人也为他感到伤心难过"。

"渴望被重视"也正是人与野兽最大的区别。我在这里说说自己的经历：我小时住在密苏里的农场时，父亲饲养一头种猪和一头血统优良的白脸牛。我们常在中西部的牲口展览会上展览它们，并十几次获奖。父亲把蓝色的荣誉缎带别在一条白布上，一有亲友们来我们家，父亲便和我拿着白布的两头，让亲友们观赏我们获得的荣誉。

猪和牛并不在乎它们赢得的蓝缎带，可是父亲十分重视。这些荣誉证明满足了他被人重视的渴望。

我们的祖先如果没有这种被人重视的渴望，现代文明根本无从谈起，我们跟动物也就没什么区别了。

一个没受过良好教育的贫困杂货店店员靠着这种渴望，研读在售价五十美分的旧水桶底部发现的法律书籍，这个杂货店店员叫林肯。

这种渴望激励狄更斯写出许多不朽名著。这种渴望激励克利斯托弗·列恩建造出许多宏大的建筑。这种渴望激励洛克菲勒积聚了他用不完的财富！这种渴望也激励城里的富豪建造出远超他们需要的房子。

这种渴望使你向往穿上最新潮的服饰，驾驶最漂亮的轿车，畅谈孩子有多么聪明伶俐。

这种渴望也使许多青少年沦落成为盗匪。纽约前警察总监马罗尼曾说："很多年轻罪犯疯狂而盲目地追求虚名，被捕后的第一个要求就是上报。他们如果看到自己的照片和职业棒球手'贝比'鲁斯，意大利裔政治家菲奥雷洛·拉瓜迪亚，爱因斯坦，飞行员林德伯格，著名指挥托斯卡尼尼以及罗斯福的照片同时出现在报纸上，会觉得坐电椅也是值了。"

你告诉我你对受到重视是何感觉，我就能告诉你你属于哪种人。你的感觉注定了你属于哪种人。比如说，洛克菲勒为了满足这种"被人重视"的渴望，捐钱在中国建造现代化的医院，照顾许多他没有见过也永远不会见到的贫民。反面的例子是，狄林格做土匪、抢银行杀人也是想让自己被人重视。被警方追捕时，狄林格闯进明尼苏达的一栋农舍，大喊："我是狄林格！"他以自己是美国的头号公敌为荣。"我是狄林格，但我绝不会伤害你们！"他大声喊。

没错，洛克菲勒和狄林格最大的不同是，他们对受到重视的认知的不同。

历史上有许多名人希望被人重视的鲜活事例。华盛顿喜欢人称他是至高无上的美国总统；哥伦布向皇室请求获得"海军总司令兼印度总督"头衔；凯瑟琳女皇拒绝拆阅没有称她"女皇陛下"的信件；林肯夫人在白宫对格兰特夫人大吼："你在我没有让你坐下之前，怎敢在我面前坐下！"

资助拜尔德将军去南极探险的几个百万富翁提出条件，希望以他们的名字给冰山命名。维克托·雨果希望巴黎改成自己的名字。声誉盛隆时的威廉·莎士比亚未能抵抗住为家族赢得盾形纹章的诱惑。

有人有时会装病，以此取得他人的关注或同情，并被重视。麦金利总统夫人就是如此，她强迫身为美国总统的丈夫放下国家大事，依偎在床边，搂抱她抚慰她入睡，而且一抱就是几个小时，以此证明自己被人重视。她坚持让麦金利总统陪她去看牙，借此满足在医牙痛楚时被人注意的欲望。麦金利一次和国务卿约翰·海伊有约，把她一个人留在医院，麦金利夫人为此大发一顿脾气。

推理小说作家玛丽·罗伯茨·莱因哈特曾经跟我讲过一个无病无灾的年轻女孩为了让自己显得重要而故意躺在床上装病的事例。莱因哈特夫人说："总有一天，她将不得不面对一个事实，那就是随着年龄增长，自己永远不可能结婚了。未来的日子会越来越孤独，越来越无望。

"她一直躺在床上。十年以来，她的老母亲每天捧着食碟去三楼侍候她。一天，老母亲由于过度疲惫终于去世。装病的女人伤心了几周后，不得不从床上爬起来，穿上衣服，开始新的生活。"

一些专家认为，人们之所以发疯，是因为他们想在幻想中受人重视，在幻象中得到在现实生活中苦苦追寻而得不到的东西。美国患精神病的人比患其他各种疾病的人的总和还多。你如果过了十五岁，又住在纽约，那你在疯人院里待上七年的可能性就会是二十分之一。

精神失常的原因是什么呢？

没有人能回答出这么大的一个问题，但我们知道梅毒这样的病会导致脑细胞受损，造成癫狂。事实上，半数以上的精神病是脑病、酒精中毒、毒素和外伤这类生理原因造成的。另一半患者就令人惶恐了，他们的脑细胞和正常人没有任何不同。如果他们死后，在显微镜下仔细观察他们的脑细胞，我们会发现他们的脑组织与你我一样健康。

这些人又为何精神失常呢？

我曾向精神病院的主治医师请教过这个问题。他学识渊博，是行业内的权威。他坦诚地告诉我，他不知道人们为何会精神错乱。没人能确定地指出原因。但他认为，许多精神错乱的人由于不能在现实生活中获得"被肯定"的感觉，所以转而到另一个世界去追寻。接着他给我讲了个故事：

我有个女病人，她的婚姻是一出悲剧，她需要爱情、孩子、性满足和社会地位。可现实生活摧毁了她的所有希望。丈夫不爱她，甚至拒绝跟她一起用餐，却要她把饭端到楼上，服侍他吃饭。她没有孩子，没有社会地位，没多久便疯了。在她想象的世界里，她与丈夫离了婚，恢复少女时的姓。她甚至想象自己和一个贵族结了婚，坚持他人称她史密斯夫人。

她渴望有个孩子，每天晚上都会做又生了一个孩子的美梦。我每次去看她，她都会对我说："医生，我昨晚生了一个孩子。"

生活一度摧毁她的梦想，但在另一个充满阳光的梦幻世界里，她的梦想之舟再次启航，在乘风破浪。

这是出悲剧吗？我不知道。医师告诉我："我即便能让她恢复正常，也不会那样做。因为她比过去快乐多了。"

从整体看，精神失常的人似乎比正常人快乐得多。为什么不让他们这样继续生活呢？他们通过这种方法，已经解决了自己的一切问题。他们可以签一张百万支票给你，开出让你面见伊斯兰教领袖阿迦汗的介绍信。他们在梦境找到了渴望的受重视的感觉。

如果有人为了渴求被人重视而精神失常，试想在他们尚未发疯时，给予他们真诚的赞扬，又会创造什么样的奇迹呢？

据我所知，历史上只有两个人年薪百万，他们是沃尔特·克莱斯勒和查尔斯·斯瓦布。

安德鲁·卡内基每年付百万薪酬给斯瓦布，是因为斯瓦布是个天才吗？不是。是因为他掌握的炼钢技术比他人多吗？也不是。斯瓦布曾经亲口告诉我，他手下有许多人比他更懂炼钢。

斯瓦布说，他获得高薪的秘诀在于，他精通人事，懂得怎样与人打交道。我问他如何做到这一点，他给我讲了一段话。这段话应该铭刻于铜板，挂在每个家庭、学校、商店和办公室里——让孩子记住这段话，比让他们记住拉丁语连接词和巴西年降水量更为重要——一个人只要活着，这段话就对他大有裨益：

我想，我的能力就在于能激发出人们的热情，促使人将自身潜力发展到极限的最好办法是赞赏和鼓励，我恰好就具有这种赞赏人和鼓励人的能力。

来自上级的批评，最容易挫杀一个人的锐气。我从不批评任何人。我相信奖励是促使人工作的原动力。我喜欢赞美，讨厌挑剔。我喜欢真诚慷慨地赞美他人。

这就是斯瓦布的秘诀！但一般人是这么做的呢？我们的做法恰恰相反。我们总是对不喜欢的事物大加斥责，对应该给予肯定的事物惜言如金。

"我在漫长的职业生涯中到过世界各地，遇见过形形色色的人，其中许多是大人物，"斯瓦布先生说，"一个人无论多么尊贵或伟大，受到赞赏总比受到批评工作更卖力，工作效率也更高。"

他开诚布公地说，这也是安德鲁·卡内基获得现象级成功的原因。卡内基在私下和公开场合都不吝表扬下属。

卡内基在自己的墓碑上也不忘赞扬下属。他的墓志铭是这样写的："这里躺着一位能把比他聪明的人召集在一起的人。"

真诚的赞赏，也是洛克菲勒成功管理人事的一个秘诀。他的合伙人爱德华·贝特福德在南美做的一笔生意使公司亏损了一百万元。洛克菲勒本应对贝特福德进行指责，但他没有这样做。他知道贝特福德已经尽了全力，而且这件事已经发生了。他反而从其他方面对贝特福德进行了夸赞，说他保全了投资额的百分之六十。洛克菲勒说："这已经很不错了，我们不可能把每件事都做得十全十美。"

百老汇最成功的歌舞剧老板齐格飞因为有独到法门"为女孩增光添彩"而享誉于世。他多次把原来没人愿意多看一眼的平凡女孩打造成千娇百媚、风情万种的舞台明星。他深知赞美和信心的价值，用殷勤体贴打动这些女孩，让她们相信自己确实非常美丽。他不但现实（把舞女的薪水从每周三十美元提到一百七十五美元），也非常懂得浪漫。节目每次开演之前，他都会打电话给几个主演，还会给每个舞女送上红色玫瑰。

我一度沉迷流行的节食方法，连续六个昼夜没有吃东西。这并不难，到第六天时，我反而不像第二天晚上那样饿了。你我都知道，我们如果让家人或雇员六天不吃东西，一定会有罪恶感。可我们常常会六天、六星期、甚至六十年不给家人或雇员任何赞美。殊不知，他们像渴望食物一样渴望赞美和鼓励。

导演、演员阿尔弗雷德·伦特在《在维也纳重逢》一剧中，借男主人公之口说："我最需要的东西，是保持自尊。"

我们常常关注孩子、朋友和雇员的身体，却很少关注他们的自尊。我们给他们吃牛排和薯条，慰劳他们，却很少给予他们称谢和赞美，而这些才会被他们如乐章般牢记于心。

有些读者看到这几段话，可能会这样说："这太老套了，恭维，拍马屁，我都尝试过，可一点用也没有——聪明人根本不吃这一套。"

聪明人自然不会被恭维蒙骗。肤浅、自私、虚伪的阿谀奉承注定要失败。但人们就像饥不择食一样渴望他人发自内心的赞美。

为什么多次结婚的迪文尼兄弟在与女人的关系上一帆风顺？为什么这两位花花公子可以与两位美丽的电影明星，一位著名的歌剧主角以及拥有数百万家产的芭芭拉·胡顿结婚？他们是如何做到的呢？

阿德拉·罗杰斯·圣约翰在《自由杂志》中说："迪文尼对女人的魅力是许多年来的未解之谜之一……"

见识过许多男人的艺术家保拉·尼格雷就这个问题对我做出解释："他们比我认识的任何男人都懂得恭维谄媚的艺术。在这现实而无情的时代，这种艺术几乎都被人遗忘了。迪文尼兄弟对女人的吸引力，正是源于这一点。"

连维多利亚女王都会被谄媚蒙骗。两度出任英国首相的本杰明·迪斯累利说他经常会在女王面前来这一套。他说："我不介意肉麻地去吹捧她。"迪斯累利英明领导幅员广阔的大英帝国，精明能干，但我们不一定要学他。从长远看，奉承的害处远大于益处。奉承是种伪装，和伪币一样，这种伪装只能给你带来麻烦。

赞赏和谄媚的区别是什么呢？非常简单，赞赏出于真诚，而谄媚是虚伪的。赞赏发自内心，谄媚出于口头；赞赏是无私的，谄媚是自私的。赞赏为人所钦佩，谄媚只会令人不齿。

我最近在墨西哥城看到墨西哥前将军、总统奥伯里根的半身像，像的下面刻着奥伯里根将军的名言："别怕那些攻击你的敌人，而要提防谄媚你的朋友。"

不！不！不！我没有叫人谄媚恭维！我讲的是一种新型的生活方式！让我重复一遍，我讲的是一种新型的生活方式！

乔治五世在白金汉宫书房的墙上挂着一组名言。其中一句叫他"不要接受奉承和廉价的赞美"。廉价的赞美就是谄媚。我看到过一种对谄媚的阐释，我觉得这句话应该经常被重复："谄媚是大声地说出他人对自己的真正看法。"

"你不管用哪种方式说话，"拉尔夫·瓦尔多·爱默生说，"你说的都必须是实话。"

如果恭维谄媚能达到目的，那任何人都可以成为人际关系上的专家。

在现实生活中，人们有百分之九十五的时间都在考虑自己。我们如果不去想自己，而是多想想他人的优点，就不会也没必要说出那些廉价的恭维。

爱默生说："凡我所遇到的人，都有胜过我的地方，我应学他好的地方。"

爱默生的观点非常正确，对你我来说，这个认识同样值得借鉴。暂时不去想自己的成就和需要，试着关注他人的优点吧。抛弃谄媚，给人由衷的赞赏。进行"真诚慷慨的赞美"，人们将一辈子将这种赞美藏在记忆里，对它视若珍宝——在你遗忘之后还会一遍遍想起。

第三章

激发他人的强烈需求

夏天，我常到缅因州钓鱼。我非常喜欢吃鲜奶油草莓，但发现鱼喜欢吃小虫子。因此我去钓鱼时，想的不是自己要吃什么，而是鱼要吃什么。我们不用鲜奶油草莓当诱饵，而是用鱼爱吃的虫和蚱蜢当饵料。然后我便可以对鱼说："你们要不要尝尝看？"

为什么不把同样的方法用在人身上呢？

英国首相劳埃德·乔治就擅用这种方法。许多人问他，许多战时领袖，比如威尔逊、奥兰多及克里蒙梭都渐渐被遗忘时，他为什么还能大权在握呢？他回答，如果一定要说有什么秘诀，那就是，钓什么鱼，就得用什么饵。

为什么总谈到自己的需要？太幼稚了，太荒唐了！除了你自己，没有人对你的需要感兴趣。所有人都只注意自己的需要！

因此，天底下只有一个方法可以影响他人，那就是提出他人的需求，并且让他们知道怎样去实现。

不妨记住，从明天起，你要求他人做某件事，比如说希望孩子不抽烟时，千万别跟他讲大道理。你只要告诉他，抽烟会让他进不了棒球队，或赢不了百米赛跑，就可以了。

无论对象是孩子、小牛或大猩猩，这种方法都很有效。下面举一个生动的例子：一天，爱默生和儿子想把一头小牛牵进谷仓，但是他们犯了个错误，只想自己的需求：爱默生在前面拉，他的儿子在后面推，只顾把小牛往谷仓里拉。小牛也只想自己的需求，我行我素，绷紧双腿，坚持不愿离开草地。一个爱尔兰主妇看到了这一幕。她不会写散文，不会写书，但懂得"马性"或"牛性"，知道小牛想要什么。她将手指伸进小牛嘴里，一边让它吸吮，一边轻轻将它引进谷仓。

你从生下来开始，一举一动都是为了自己。为什么给红十字会捐助一百美元呢？是的，这样做也是为了你自己。捐出一百美元是一种姿态，表明你能做出这种无私神圣的行为。因为上主曾经说过："这些事你们既做在我这弟兄中一个最小的身上，就是做在我身上了。"[1]

如果做出这种姿态的需求没有胜过对金钱的需求，你万不会把这一百美元捐出去。当然，你捐款也可能是碍于情面或受人所托。但有一点很肯定，你有所欲求才会捐钱。

哈雷·奥弗里斯特教授在他极具启迪性的《影响人类行为》一书中说："行动源于我们的基本欲望……我们在商场、家庭、学校或政治方面的行为都是如此。对那些试图说服他人的人来说，首先要激起他人的某种迫切需要，若能做到这点，就能左右逢源，否则只会到处碰壁。"

---

[1] 《马太福音 25:40》。

　　安德鲁·卡内基早年是个贫苦的苏格兰少年，最初的工作酬劳是每小时只有两分钱。他成功后却捐出了三点六五亿美元。他很早就懂得影响他人的唯一方法就是从他人的需要出发，处处为人着想。他只受过四年学校教育，却深知为人处世之道。

　　他有两个侄子在耶鲁大学念书，常常因为忙不给家里写信，完全没有想到母亲对他们的牵挂。

　　卡内基知道这事后，赌上一百美元，说他可以让两个侄子马上回信。有人接受这个赌约。他给两个侄儿写了封家信，信末提到要给他们分别寄五美元。

　　自然，他并没把钱装入信封。

　　回信很快来了，两个侄子谢谢"安德鲁叔父"。你们应该猜得到下面的故事。

　　明天，你也许会要求他人做某件事。你在开口之前，不妨冷静地先问问自己："怎样才能让他自己想去做这件事呢？"

　　而不是冒冒失失地上来就说自己想要什么。

　　我曾经租下纽约饭店的宴会大厅，准备做一季为期二十天的演讲讲座。日子快到时，我突然接到通知，大厅租金比原先涨了三倍。此时演讲广告已经发布，票也已经卖得所剩无几。

　　我自然不想支付上涨的租金，但和饭店讲我的要求又会有什么用呢？他们只在乎钱。几天后，我去见了饭店经理。

　　"我接到你的来信，感到非常震惊，"我说，"但我并不会责怪你。我如果处在你的立场，也许也会这样做。你作为饭店经理，要追求利润最大化，否则将会被解雇。你如果坚持提高租金，我们可以拿张纸来，举出这样做的利与弊。"

我拿过一张信纸，在纸上画了两栏，一栏写着利，一栏写着弊。

我在"利"栏下写道，大厅可做它用。接着我告诉他："大厅不用来开演讲会，可以租给他人办舞会或是开会，这比开个演讲会所得的收益要高得多。我如果一连二十个晚上在大厅里开演讲会，饭店肯定会失去这部分收入。"

"再来看弊的部分。首先，我由于付不起你所要求的租金，只能换个场地开演讲会。这就意味着饭店将失去我的这部分收入。

"第二，我的演讲会吸引很多文化人和受过高等教育的人来饭店，这是你们的一个极好的广告机会。你们花五千美元在报纸上做次广告都不一定能吸引这么多人，难道不是吗？"

我一边说，一边把这两点写进"弊"栏，然后把纸张还给经理，对他说："请你通盘考虑利弊以后，尽快把最后决定告诉我。"

我第二天收到他的来信，租金只涨百分之五十，而不是原来的三倍。

自始至终，我没有谈到自己的需求，只谈到对方的需求以及他该如何满足自己所需，最后如愿以偿地获得了减价。

如果我像一般人那样，一听到消息就怒气冲冲地跑去理论："广告已经做好了，票也已经卖出去了，你们把租金提高三倍到底是什么意思啊？这太荒唐了，我拒绝付这笔钱。"

结果无外乎是一番唇枪舌剑的吵闹。我即使能说服对方，让他知道自己有错，自尊心受损的他也不愿做出太大的让步。

下面是一句有关人际关系的金玉良言："成功的人际建立于领

会他人观点的能力。你处理一件事，必须从你和他人两个角度看问题。"

我很想再重复一遍这句话，"成功的人际关系在于领会他人观点的能力。处理一件事时，必须从你和他人两个不同的角度去看问题。"

这个道理简单明了，每个人都会不假思索地予以认同。但世界上百分之九十的人在百分之九十的时间里都忽略了这个道理。

现实中有没有这样的例证？你看看自己明天早上收到的信就知道，大多数人确实没有做到想人之所想。我们可以拿广告公司广播部门的经理写给一家全国性广播公司驻各地经理的信函来做个例子（我把自己对每段话的感想写在段后的括弧里）。

致约翰·布兰克
印第安纳州，布兰克威尔

亲爱的布兰克先生：
本公司希望保持在无线电领域的领袖地位。

（谁关心你公司希望什么？我正为自己的问题发愁呢！银行要取消我的房产抵押权，害虫正在咬我的花草，昨天股市大跌，早晨我误了八点一刻的火车，昨晚琼斯家里的舞会没有请我，医生说我有高血压、神经炎，今天一早就收到这样畅谈公司理想的无聊信件，真是让人心烦……写信人如果意识到这封信会给人留下什么印象，断不会一上来就这么说，让人心生反感吧。）

本公司在全国有很多广告客户，我们牢牢占据电台的黄金时段，故而业绩在业内每年都名列前茅。

（你庞大，有钱，高高在上，又怎么样呢？你就算有全国的汽车公司、电气公司和陆军总部加起来那么大，我也懒得理你。你既然这么爱吹捧，就该知道，我只关心自己的公司有多大，而不是你的公司有多大。你提到你的成功，不是让我显得更渺小、更微不足道了吗？）

我们希望将各无线电台的信息提供给客户，为他们所用。

（你们希望！你们希望！你们这群笨蛋。我才不在意你们或墨索里尼或大笑星平·克劳斯贝希望什么呢，我干脆告诉你，我只在乎自己的希望——这封荒唐可笑的信竟然只字未提我希望什么。）

你是否可以将我们纳入优先考虑名单？与我们分享有利于我们预定广播时段的详细信息？

（"优先名单"？你也配？你对自己公司的自吹自擂，让我感到渺小，难道你还要叫我将你列入优先名单吗？请注意，你连"请"字都没说一个啊。）

即刻回复，把你们电台最近的活动告诉我们，这将对双方都有益处。

（你这个笨蛋，你寄了一封分发到各地、普通的机打信件给我，就要我在房产被取消抵押、血压增高时即刻单独给你回信。你怎么这么厚颜无耻啊？即刻是什么意思？你难道不知道，我跟你一样忙？请问，谁给你权力，让你来支使我？你说对彼此有益，但到末了才考虑到我立场。至于对我有何裨益，你又语焉不详。）

广播部门经理

约翰·布兰克

敬上

再启，随信附上由我们承包广告业务的《布兰克威尔日报》复印版，供你在电台传阅。

（你在附件中倒是帮我解决了一个问题，但为什么不一开始就提这个呢？写在附注里有什么用？我看你是个脑子有问题的蠢广告人。你需要的不是我们的最近活动，而是给脑子好好打一针。）

自以为具有影响他人力量的广告人只能写出这样的一封信，我们又如何能对屠夫、面包师和地毯工这样的手艺人抱有过高的期望呢？

以下这封信来自一家货运站的主管。这封信会对收信人产生什么效果呢？你看过这封信后我再告诉你。

　　泽雷加兄弟贸易公司
　　前街二十八号
　　纽约布鲁克林区

　　　　　　　提请爱德华·沃尔米伦先生予以关注
敬启者：

　　敝公司外运总站，因许多货物都是傍晚送到，致使效率降低。大量货物同时到达，导致收件拥塞。这种状况会引起敝公司员工超时加班，乃至卡车运输和部分空运滞后。十一月十日，我们收到贵公司交运的货物五百一十件，送达时间均为下午四点二十分。

　　我们恳请贵公司合作，克服因大量货物迟运所造成的种种困难。我们恳请贵公司，今后如有大宗货物运送，早一点将货物交付我方，或是早上就让卡车送过来一部分，以便我们及时处理。贵方意下如何？

　　这样的安排想必对贵公司同样有利。贵公司卸货时间缩短，我们也保证收讫货物后立即运输货物。

　　　　　　　　　　　　　　　　　　　货运公司监理敬上

　　泽雷加兄弟贸易公司业务经理沃尔米伦先生告诉我，他看完这封信的想法是："这封信想产生的效果与实际产生的效果截然相反。信在一开始说货运站的困难，一般来讲，这很难引起我们的关注。接着信又要求我们合作，可没想到我们的不便；信到最后才提到我们如果能够合作，可以加快卸货速度，货物也能在收到之日就被发出。"

写信人把客户关心的事放在最后，不但很难达到预期效果，反而容易引起对方的反感。

我们将这封信修改一下，看看它的效果会不会变好一些。我们不应把时间浪费在自身存在的问题上，就像亨利·福特所说："成功的人际关系建立于领会他人观点的能力。处理一件事时，必须从你和他人两个角度看问题。"

以下是修改后的信，也许不算尽善尽美，但是否比前一封有所进步？

爱德华·沃尔米伦先生
泽雷加兄弟贸易公司
前街二十八号
纽约布鲁克林区

亲爱的沃尔米伦先生

十四年以来，贵公司一直是我们欢迎的好主顾。我们非常感激你们的惠顾，愿意提供更为迅速而有效的服务。但我们如果经常像十一月十日那样，傍晚收到卡车送来的一大堆货，我们的服务恐怕就要打几分折扣了。为什么这么说呢？因为这个时间段，我们同样需要接收其他顾客的许多货物。这样难免造成卸货拥塞，使得卡车在码头上滞留，有时甚至会导致运送你们运货的货轮无法按时起航。

这种情况再糟不过了。有什么法子可以避免这种情况吗？我们建议，你们可以尽量把货物在午前送到码头。如此，你们的卡车就不会在码头上滞留，给你们运货的货轮能准时发出，我们的员工也能准时下班，品尝你公司生产的美味面条和通心粉。

我们并不是在投诉贵公司，也不是对贵公司的业务指手画脚。我们只是想更有效地为贵公司服务。

贵公司货物无论何时到达，我们都会竭诚迅速地为你们服务。

您的业务很忙。请不用急着回这封信。

货运公司监理

许多销售员每天踏破铁鞋，却收获不多！这是为什么？因为他们只想着自己需要什么。他们根本没意识到你我根本不想买他的东西。我们如果要什么东西，会自己出门去买。人们真正需要的，是解决问题的方式。如果销售员能展示出服务和商品的优点，展示其能为顾客解决问题的一面，他不推销我们也会买的。顾客喜欢主动购买的感觉，而不是被动接受推销。

但仍然有很多销售员终其一生都没能学会站在买主的立场看问题。以前，我住在纽约一处名叫"森林山庄"的社区。一天，我匆忙奔向车站，正巧遇到一个多年在长岛地区交易房产的房地产代理商。他很熟悉我住的"森林山庄"，我急匆匆间随便问他我住的房子用的是钢筋还是空心砖头。他回答不知道，让我打电话给"森林山庄"的物业委员会。第二天早上，我接到他的一封信。他是想写信回答我的问题吗？不是。他只需花六十秒钟打个电话帮我问一问。可是他没有帮我问。他在信中再次告诉可以打电话给物业委员会，了解房屋的材料问题，然后要处理我的保险业务。

他并不想帮助我，只是想帮自己。

我应该把万斯·扬的《给予的快乐》和《分享的快乐》找出来给他读读。他读了这两本小书，实践了其中的原理，所得要比处理我的保险业务丰厚几千倍。

很多专业人士会犯同样的错误。几年前，我去找费城一位著名的耳鼻喉专家看病。医生给我看扁桃腺前，问我是干什么的。他不在乎我扁桃腺的大小，只在乎我钱袋的大小。他心里只想着能从我口袋里得到多少钱，而不是帮我解决问题。结果，他什么也没有得到。我轻视他的人格，放弃请他诊疗的打算，走出诊疗室。

世界上到处都是这种自私的人。那些无私的、为他人着想的人终将会获益。欧文·扬曾说过："一个设身处地为他人着想的人，一个理解他人想法的人，永远不必担心前途未卜。"

这本书如果能教会你越来越会为他人着想，越来越会从他人的角度看问题，你的职业生涯将会有彻底改变。

许多人受过大学教育，深谙维吉尔著作，掌握计算原理，却不知道自己的心是如何活动的。有一次，我为一些正准备加入为办公楼和戏院制冷的新泽西州纽瓦克空调公司的大学毕业生讲授"有效演讲术"课程。其中一位想劝其他人和他一起打篮球，他是这样说的："我想要你们去打篮球，我喜欢打篮球，但我们最近几次去体育馆，都因为人数不足没法比赛。前天晚上，我们只有两三个人，只能做做掷球游戏——球不小心砸在我的眼睛上，把我的眼睛都给砸肿了。我希望你们明天晚上都能来，我想打场篮球赛。"

他提到你想要的东西了吗？你不会想去谁都不要去的体育馆，

是不是？你才不关心他想要什么呢，你也不想眼睛被砸肿。

　　他能告诉你，你去体育馆能得到什么好处吗？当然可以。比如，他可以说，你去体育馆可以激发精神、加强食欲、清醒头脑，你还可以从锻炼中得到快乐。

　　我要重复哈雷·奥弗里斯特教授的那句话："首先要激起他人的某种迫切需要，若能做到这点，就能左右逢源，否则只会到处碰壁。"

　　我培训课程上的一位学员很担心他年幼的儿子。他的儿子体重很轻，不愿意好好吃东西。学员和妻子用老一套方法教育这个小孩。"妈妈希望你吃东西"，"爸爸希望你吃东西"。

　　任何一个有常识的人都不会指望三岁小孩会从三十岁大人的角度看问题。这位爸爸却是这么希望的。这太荒唐了。最后他认清了这一点。他对自己说："他想要什么呢？我不该把自己想要的强加给他。"

　　考虑到这点，事情就变得简单了。这个孩子有辆自行车，他喜欢骑着它在布鲁克林区家门口的小路上跑来跑去。和他们毗邻的街道有个好莱坞电影里所谓的"坏孩子"——经常把小一点孩子推下车、自己骑上去的大一点男孩。

　　通常，这个小男孩会哭着向妈妈求救，妈妈会跑出来，将"坏孩子"揪下自行车，把儿子放上去。同样的一幕几乎天天上演。

　　小男孩需要什么？很容易找到这个问题的答案。他需要自尊、发怒、被人重视，强烈希望快快长大。他希望奋起反击，在"坏男孩"脸上来一巴掌。父亲有一天趁机对他说，他只要吃了妈妈让他吃的东西，有朝一日，完全可以痛打白天那个令他讨厌的家伙。于是小男孩的吃饭难题迎刃而解。他什么都吃得下，以期能够强壮到打败那个经常侮辱他的人！

紧接着，父亲又成功地解决了他的尿床问题。

小家伙和奶奶睡。每天早上，奶奶都会摸着湿床单说："瞧，约翰尼，你昨晚又干了什么？"

小家伙说："不，不是我尿的，是你尿的。"

斥责、玩笑、打屁屁和妈妈的老生常谈都无济于事。小男孩的父母经常扪心自问："怎样才能使他停止尿床呢？"

他想要的到底是什么呢？原来，他想和爸爸一样穿睡衣，而不是和奶奶一样穿睡袍。奶奶说他如果能够不再尿床，就给他买件睡衣。其次，他还想要一张属于自己的床，奶奶没有同意这一点。

但妈妈带他到布鲁克林的洛伊尔家具店，对售货小姐眨眨眼，说："这位小绅士想自己买些东西。"

售货小姐以一种让小男孩觉得自己很重要的语气问："年轻人，我能为你做些什么？"

小男孩踮起脚说："我想为自己买一张床。"

妈妈将他带到一张她看中的床前，示意售货员说服小男孩买下那张床。

第二天，床送到了。爸爸晚上回来时，小男孩跑到门口，高叫道："爹地，爹地，快来看我给自己买的床。"

爸爸看着这张床，遵循查尔斯·斯瓦布的原则，给予儿子最真诚、最慷慨的赞赏。

"你不会再尿床了，是吧？"

"是的，不会，不会。"男孩骄傲地承诺，那是他的床，他自己买的床。他像个小大人一样穿着睡衣，希望自己的举止也能和大人一样。尿床的毛病就这样被克服了。

还有一位当了父亲的学员，叫杜施曼，是个电话工程师。他那三岁的女儿一直不肯吃早饭。劝说和斥责完全不起作用。年轻的父母自问："怎么才能让孩子吃早饭呢？"

小女孩喜欢模仿母亲，喜欢长大的感觉。于是一天早上，夫妇俩让女孩坐上椅子，让她自己做早饭。夫妇俩离开一会儿以后，父亲装模作样地走进厨房，女孩兴奋地对父亲说："爸爸，看我自己做的麦片粥。"

他们没哄，小女孩就吃下两碗麦片粥。她开始对早饭感兴趣了。她喜欢被大人重视的感觉。她通过给自己做早饭，这个愿望得到满足。

作家和戏剧评论家威廉·文特尔曾说："自我表达是人类天生的需求。"能把这种心理运用在生意上吗？有了好主意以后，想办法让生意伙伴认为是他们自己想出来了这个主意，让他们把这个主意宣讲出来，发扬光大。他会很认同这个主意，积极促成其变成现实。

千万记住："首先要激起他人的某种迫切需要，若能做到这点就能左右逢源，否则只会到处碰壁。"

有效利用本书的九个建议

一、你如果想有效利用这本书，得符合一个条件，一个比任何规则和技巧都重要的条件。你如果不符合这个条件，再多的理论也无济于事。你如果符合这个条件，不用看书里提及的种种建议，也能在与人交往中创造奇迹。

　　这个神奇的条件是什么呢？说起来很简单：主动学习的渴望以及增强与人交往能力的坚定信心。

　　如何产生这样一种渴望呢？不断提醒自己这些原则多么重要就可以了。想想掌握这些原则会让你在社交和财富上有多么大的增长。请你们一遍遍地对自己说："我的受欢迎程度、快乐、收入，和我与人交往的技巧有很大关系。"

　　二、迅速读完每一章。你概览每一章的大致内容，多半很想去浏览下一章。但你除非是为了消遣而读这本书，否则千万别这样做。你如果是为了提高人际关系技巧而读这本书，就回到书的开头，全面阅读每一章。从长远看，这不仅能帮助你节省时间，而且能帮你达到你想要的效果。

　　三、阅读中经常停顿下来，对读到的东西苦思细想。询问自己何时以何种方式实施每条建议。这种阅读方法比一口气囫囵吞枣地读下去对你的帮助更大。

　　四、阅读时把红色蜡笔、铅笔和钢笔备在手边。你碰到感觉自己可以使用的建议，在一旁画一条横线。你如果感觉某条建议非常适用于你，可以在其下面画下划线，或者在旁边注上星标。划线和做标注可以使阅读变得更有趣，也便于今后重读这本书。

　　五、我和一个保险经理认识十五年。他每个月都要阅读公司签订的所有保险合同。日复一日，年复一年，他阅读的都是相同的保险合同。为什么要阅读千篇一律的东西呢？这是因为经验告诉他，阅读合同是把合同里的条款牢记在心的唯一途径。

　　我曾经花费两年时间撰写一本关于公开演讲的书。我为了回想自己先前写过些什么，不得不经常回头翻看。人的遗忘速度是很惊人的。

因此，你如果想真正地、持续地从这本书中获益，不能认为通读一遍就足够了。你通读一遍以后，每个月最好再花几个小时重读这本书。每天都把这本书放在书桌上，经常打开看看。经常提醒自己，你在未来还有多大可进步的空间。你们千万记住，只有重复阅读和反复实践才能使运用这些原理成为自觉。除此之外别无他法。

六、萧伯纳说："如果只是一味去教，他人可能永远都学不会。"萧伯纳没有说错。学习是个主动性过程。人们在实践中学习。因此，你如果想掌握书中的这些原理，别放过应用这些原理的每个机会。你如果做不到这一点，很快就会忘光它们。活学活用，才能将知识永记心田。

你也许会发现，很难将这些原则应用到生活的各个方面。我知道这一点，因为书是我写的。我经常发现，我推崇的这些原则很难实现。比如说，一个人不开心时，一准会去批评和谴责他人，而不会站在他人的角度看问题。在多数场合下，找茬比夸赞他人容易得多。人们常常谈论自己想要什么，不谈他人想要什么。读这本书时，千万别忘记你不仅是为获得信息，而是为了养成新的习惯。建立新的生活模式需要一定的时间，持之以恒的坚持和每天的操练。

因此需要常常翻看这本书。把它作为人际关系手册。你碰到特定问题——比如管教孩子，让妻子以你的思路看问题，或是满足一个容易生气的客户——别想当然，冲动地去解决问题。那样做常常会犯错。你应当打开这本书，看看以前划过线的段落。接着你可以试用这些手段，看看它们能展现出何种魔力。

七、每当你的妻子、孩子或是同事发现你违反书中哪条原则，你就给他（她）一毛钱或一元钱。这个游戏可以帮你更好地应用这些原则。

八、华尔街有家大银行的总裁有次在面向培训班全体学生的演讲中描述了他所使用的自我提高体系。这个银行家没受过什么教育，但成长为美国最杰出的银行家之一。他说他的成功大多来源于对这套自我提高体系的运用。他运用这套自我提高体系，不断获取成功。我下面尽量准确地复述他的原话。

"我多年来一直保存着记录每天和人约会的记事本。家里人每周六晚上都不会来烦我，他们知道我会把周六晚上用来自审以及评估一周的所为。我晚饭后独自离开餐桌，回想一周以来进行的会谈、讨论和开过的所有会议。我这时会问我自己：

"'我那时犯下了哪些错误？'

"'我当时做对了吗？我可以用什么方法做得更好？'

"'我可以从那次经验中得到哪些教训？'

"我经常发现，每周回顾弄得我非常沮丧。我常为自己所犯的错误震惊。不过，随着时间流逝，我犯的错误越来越少。我有时做完自审以后，会轻拍背部，宽慰自己。我用这套自我分析和教育系统很多年，它比我尝试过的任何其他自我教育方法都有用得多。

"我在这套体系的帮助下，提高了做出决定的能力。在与人交流方面，这个体系对我的帮助也非常大。我竭诚向诸位同学推荐这套体系。"

为什么不能用一套类似的系统来检查书中这些原则的应用情况呢？这样做会产生两方面的效果。

首先，你会发现自己进入了一个有趣且有益的学习过程。

其次，你会发现自己与人打交道的能力像岸边的月桂树一样茁壮成长。

九、记录应用这些原理所取得的成果。尽量记录得细一点，把人名、日期、效果都给记上。这样一份记录能激励你付出更大的努力。几年后的某一天晚上，你碰巧翻看这本日志时，一定会发现里面的记录非常有趣。

想更好地把书中的理论用到实践当中，需做到以下几点：

（一）具有掌握人际关系原理的深层次欲望。

（二）在阅读下一章之前，认真地阅读本章内容两遍。

（三）阅读这本书时，经常暂停一下，问问自己该怎样运用刚刚读到的那条建议。

（四）在每条重要原理下方画下划线。

（五）每个月重新温习一下这本书。

（六）一有机会就利用书中的原理。把这本书看成解决日常碰到问题的工作手册。

（七）每当亲人和朋友发现你违反书中的原则，就给他一毛钱或一元钱，将这作为激励自己的一种游戏。

（八）每周检查自己所取得的进展。自问一周来犯了哪些错误，取得了哪些进步，吸取的教训对将来有何好处。

（九）在日志中记录你是何时、又是如何运用这些原理的。

第二部

让他人喜欢你的
六种方式

第一章

你这么做，便会处处受欢迎

为何要阅读本书，学习如何交友呢？为何不去向世界上最善于交友的人学习这个技巧呢？世界上最善于交友的人是谁呢？你明天走到街上，也许就可以看到它。你走到离它十英尺左右的地方时，它就会摇动起尾巴。你蹲下来轻拍它一下，它会高兴得跳起来，让你知道它是何等喜欢你。你也清楚地知道，这种亲密表示并没有什么企图：它不打算卖给你一块地皮，更不会想跟你结婚。我想大家都知道我说的是条可爱的小狗吧。

你有没有想过狗是唯一不用工作就可以生存的动物呢？母鸡需要下蛋，母牛需要挤奶，金丝雀需要歌唱。但狗什么都不用做，仅仅对人表示亲热就可以了。

我五岁时，父亲花五十美分给我买了条黄毛小狗。这条小黄狗给我的童年带来了很多欢乐。每天下午四点半，它会坐在庭院前，用那漂亮的眼睛瞪着门前的那条小路。它听到我的声音，或看到我拎着饭盒经过矮树林，就会像箭一样奔过来迎接我，高兴地叫个不停。

蒂皮跟随了我五年。在我难以忘怀的一个悲伤夜晚，它在离我不到十英尺的地方被雷劈死了。蒂皮的死是我童年时代的一大悲剧。

蒂皮从来没有读过心理学，也不需要学。它凭着天赋和本能，在两个月的时间里，通过对人亲热，赢得了很多朋友。我再重复一遍：你如果关心他人，对他人感兴趣，那么你在两个月时间里所交的朋友，很可能要比只想他人来关心你、对你感兴趣的情况下两年交到的朋友多很多。

我们都知道，有人终其一生都在试图引起他人的注意，让他人对他感兴趣。

当然，这是白费功夫。任何人都对他人不感兴趣，只对自己感兴趣——任何时候都是如此。

纽约电话公司做过一项调查，看哪个字在电话中最为常用。你也许猜到答案了：那就是我，我，我……五百通电话里出现了三千九百九十个"我"字。

你拿到一张你也身在其中的团体照时，首先会看照片中的哪个人？你首先会看的肯定是"我"。

你如果觉得他人对你感兴趣，请回答以下这个问题：你假如今晚死去，会有多少人来参加你的葬礼？

你为什么不对他人感兴趣，而要让他人对你感兴趣？请你拿支铅笔，把答案写在下面：

你如果只是想引起他人的注意，想让他人对你留下印象，那永远交不到真诚的朋友。通过这种方法是交不到朋友的，尤其是真正的朋友。

拿破仑曾经这样努力过，但他在和约瑟芬最后一次相见时说："约瑟芬，我曾经是世界上最幸运的人，但现在，你是这世界上我惟一可信任的人。"他虽然这样说，历史学家对他是否真的信任约瑟芬存有疑问。

著名心理学家阿尔弗雷德·阿德勒写过《生命对你的意义是什么》一书。他在书中说："凡对他人不感兴趣的人，必会在一生中遭受大苦难，并且给他人带来极大的伤害。也正是这种人，造成了人类的种种失败。"

你也许看过不少心理学著作，但未必读到过如此发人深省的一句话。我不喜欢唠叨，但阿德勒的这句名言的确值得重复几遍：

凡对他人不感兴趣的人，必会在一生中遭受大苦难，并且给他人带来极大的伤害。也正是这种人，造成了人类的种种失败。

《煤矿工人》杂志编辑在纽约大学进修"短篇小说写作"期间，来给我们做讲座。他说他天天都能读到很多故事，他只需把每个故事读上一小段，就可以看出作者是不是真的关心人。"作者如果对人冷漠，"他说，"读者不会喜欢他的作品。"

这位阅历丰富的编辑在讲述小说写作时两次中断，重复他的主要观点。"我告诉你们，"他说，"你们的牧师也许这样说过了。但千万别忘了，你如果想成为成功的作家，也必须对他人感兴趣。"

写小说是这样，待人处世更应如此。

霍华德·塞斯顿上次在百老汇表演时，我去他的化妆间待了一个晚上。塞斯顿是公认的魔术大师，四十年来走遍世界，制造各种幻景，以精湛的魔术表演迷倒无数观众。六千万以上的观众观看过他的表演，演出收入有二百万美元之多。

我请塞斯顿先生谈谈他成功的秘诀，他说他的成功与学历无关。他在幼年时离家出走，四处流浪，偷乘火车，在草堆上过夜，挨家挨户乞讨。他通过看铁路两旁的广告，认了几个字。

他有高人一等的魔术技巧吗？没有！他说有关魔术的书不胜枚举，许多人懂得比他多。可他有两样是他人没有的：第一，他能够在舞台上表现出自己的个性。他的每个动作、姿态、声调，甚至每一次扬眉，都经过严格排练，他连时间节点都计算得非常精确。除此之外，他最大的成功在于对人的关心与理解。他说许多魔术家看见观众就对自己说："这些傻瓜、乡巴佬，我要好好骗他们一下。"可塞斯顿从不那么想。他告诉我，他每次上台时都对自己说："我很感谢他们能来看我的演出，他们能使我以这样一种愉快的方式赚钱养家。我要努力，完成好这场表演。"

他每次上台以前，总会对自己说："我爱观众，我爱他们。"可笑吗？难以置信吗？你怎么想都行，我只是把一位著名魔术家的为人处世之道说出来而已。

舒曼-海因克女士告诉过我几乎完全相同的事。尽管承受着饥饿和悲伤，尽管悲剧的命运几乎使她带着孩子自杀，但她还是高声歌唱，成为最著名的瓦格纳歌剧演唱家。她也说，自己成功的秘诀在于对人感兴趣。

这也是西奥多·罗斯福广受欢迎的最根本原因。连家里的仆人也非常爱戴他。他的黑人管家詹姆斯·阿莫斯写了本题名为《仆人眼中的英雄——西奥多·罗斯福》的书。阿莫斯在书中有如下描述：

一次，他太太询问总统什么是鹑鸟，因为她从来没见过鹑鸟。总统详尽地向她描述了一番。时隔不久，阿莫斯农舍里的电话铃响了（阿莫斯和妻子住在罗斯福牡蛎湾田园的一处农舍中），他太太接听了电话，电话是总统亲自打来的。总统在电话中说，她此时向窗户看，也许可以看到一只鹑鸟。这类小事显示出总统的优秀品质。总统无论什么时候从农舍旁经过，一定会和他们打个招呼。总统即便没有看见他们，也会叫他们的名字。这是多么友善的举动啊。

哪个雇员不喜欢这样的老板呢？谁不喜欢这种对你友善的人呢？

塔夫脱总统在任时，罗斯福有次在总统夫妇外出时造访白宫。罗斯福跟白宫里他认识的每个仆人打招呼，连洗盘子的老妇也不例外。这件事生动反映出他诚挚待人的性格。

"罗斯福看到厨房女工爱丽丝时，"传记作家阿奇·布特在书中写道，"问她现在还做不做玉米面包了，爱丽丝说她有时会做一些给仆人吃，但楼上的人都不吃。"

"他们的品位真差劲，"罗斯福气呼呼地说，"我见到总统时，一定会告诉他玉米面包有多好吃。"

爱丽丝用盘子装了些玉米面包给他，他拿了一片走到办公室去吃，一路上不断和园丁、工人打招呼……

他像以前那样和每个人寒暄。在白宫工作了大半辈子的艾克·胡佛老泪纵横地说："这是我们两年来唯一一天快乐日子，谁拿百元钞票和我交换，我也不换。"

关心他人冷暖的品质使查尔斯·埃利奥特校长成为哈佛历史上最为成功的校长——在哈佛大学校长的位置上从内战结束后的第四年一直坐到第一次世界大战的前五年。这里有一个他处世待人的例子：一天，大学新生克莱顿找校长贷五十美元的助学款，贷款很快就得到批准。"我表达满心感谢，正要退出之时，"克莱顿回忆道，"校长把我叫住，说：'请你坐一会儿，听说你在宿舍自己动手做饭吃，你如果吃得非常舒服，我想这没有什么不好。我本人上大学时，也曾自己烧饭吃。'接着他又说：'你有没有做过牛肉饼？把牛肉炖得很烂，牛肉饼就会非常可口，还不会造成浪费，我过去就喜欢这样吃。'然后他详细说明牛肉饼的做法，如何挑选牛肉，如何文火慢炖把肉汤做成肉冻，最后如何把肉冻切好摆盘，放冷了再吃。

我从个人经验中发现，只有真心地关怀他人，才能赢得他人的关注、帮忙乃至合作。美国最为忙碌的几个大人物也不例外。

几年前，我在布鲁克林文理学院讲授小说写作课程。我们非常希望能请到凯瑟琳·诺里斯、范妮·豪斯特、埃达·塔贝尔、阿尔伯特·佩森·特胡恩、拉皮特·休斯以及其他一些忙碌而负有盛名的作家来布鲁克林，跟我们分享他们宝贵的写作经验。于是我们给这些作家写了信，在信上说我们景仰他们所做的工作，非常希望能得到他们的建议，学到他们成功的秘诀。

每封信上都有约一百五十名学生的签名。我们知道这些作家很忙，所以在每封信里都附上了一份希望他们回答的问题表，请他们将这些关于写作的问题的答案寄给我们。他们很喜欢这种做法。谁不喜欢得到尊重呢？他们离开家，来到布鲁克林，给予我们极大的帮助。

我们用同样的办法，请到了西奥多·罗斯福总统的财政部长莱斯利·肖，塔夫特总统的司法部长乔治·威克曼，威廉·詹宁斯·布莱恩，富兰克林·罗斯福和其他许多名流也曾到班上给学生演讲。

无论是屠户、面包师，抑或是宝座上的国王，都喜欢尊敬他的人。德皇威廉就是一个例子。一战临近结束时，全世界的人都指责威廉是罪魁祸首。他逃亡到荷兰，德国人不愿理他。憎恨他的人千千万万，有人想把他抓来碎尸万段。在万众的怒火中，有个小男孩给他写了封表示敬仰的信。男孩说，不管他人怎么想，威廉都是他的皇上。德皇看了这封信后非常感动，就邀请这个小男孩去见他。小男孩在母亲的陪伴下真的去了。后来德皇和孩子的母亲结了婚。这个男孩不需要读《人性的弱点》这类书，他天生就具备影响他人的能力。

想交上朋友，就要先为他人做些事情——需要花时间、精力，给予体贴，做出奉献。温莎公爵还是王储时，计划到南美洲旅行。他出发前花了段时间学习西班牙语，以便为在当地公开演讲做准备。南美洲人民因此特别敬爱他。

多年来，我一直很想知道朋友们的生日。我该怎么办呢？我对星相学一点概念都没有，但四处请教他人，问他们是否相信生日会影响一个人的性格和气质，借机记住他们的出生日期。一个人说他的生日是十一月二十四日，我就把这个日期在心里默念两遍，然后趁他不注意，把他的姓名和生日记在一个小本子上，回家后再把这些信息转录在专门的生辰簿上。每年年初，我都会把这些生日写到台历上。到了有人过生日那天，我给生日的人发一封贺信，或是给他打个电话。这样做的效果真是棒极了！我在很多人那里，都是唯一记住他生日的人。

想交朋友，就要拿出最热诚的态度。懂得心理学的人打电话，一定会用最动听悦耳的声音说声"你好"。纽约电话公司请一家学校给他们的接线员培训，教他们用热情悦耳的嗓音打招呼。我们下一次打电话时，也都要记住这个秘诀。

这种哲学在商业上有效吗？我可以举出很多例子来，但在这里只举两例。

在纽约一家大银行任职的查尔斯·沃尔特斯受命为一家公司准备机密报告。这个任务非常紧急，沃尔特斯认识的人中，只有一家工业公司的老板掌握有关这份报告的资料。沃尔特斯待在这位老板的办公室里时，老板的一位女雇员把头伸进办公室，告诉老板今天没有收集到任何邮票。

"我正在帮十二岁的儿子集邮。"老板对沃尔特斯先生解释。

沃尔特斯陈述自己的工作，开始向老板提问题。这位老板态度暧昧。他不想说话，沃尔特斯用了九牛二虎之力都没能使他开口。场面非常尴尬。

"老实说，我不知道该怎么办，"沃尔特斯对班上的同学说，"接着，我想起了刚才听到的话——邮票，十二岁大的儿子……我突然想起，我们行的海外业务部门在收集外国邮票——世界各地的信件寄到银行，海外部门把这些邮票撕下来。

"第二天下午，我又拜访他，告诉他我为他儿子弄到了些邮票。老板这回热情多了，像竞选议员对待选民一样紧握住我的手。他对我绽放出微笑，诚恳地感谢了我。'乔治会喜欢这些邮票的，'他一边抚弄邮票一边说，'真是些无价之宝啊！'

"我们就邮票和他儿子这两个话题谈了半个小时。接着我们就我想知道的事谈了一个多小时——我没起头，他就说开了。他把自己所知道的都告诉了我，然后把副手叫来，询问详细情况，还给几个合作伙伴打了电话。我不仅了解了事实，还拿到了业务上的统计数字和有关来往信件。相比同业，我掌握了先机。"

我再举一个例子：

纽约的小克纳菲尔多年来一直想把煤出售给一家大连锁店。但这家连锁店和城外的一个商人做生意，而且每次进货都堂而皇之地经过小克纳菲尔公司的门口。一天晚上，克纳菲尔在全班同学面前表达了对连锁店的愤怒，说它们是这个国家的耻辱。

但克纳菲尔仍然不知道他为什么做不成连锁店的生意。

我建议他不妨换一种策略。我简单地说一下事情之后的发展。我们在班上展开了"连锁店的发展是否弊大于利"的大讨论。

克纳菲尔在我的建议下做正方，为连锁店辩护。辩论开始前，他找到他鄙夷的那家连锁店的经理，对他说："我来这里并不是向你推销煤炭，我来这里，是想让你帮我一个忙。"他把辩论的事情告诉连锁店经理。"希望你能帮助我，没有任何人比你更有发言权。我非常希望赢得这场辩论，你如果能帮助我，我将感激不尽。"

我用克纳菲尔的原话来描述事情接下来的发展：

我请求他给我一分钟的时间，毕竟，我们以前结下的梁子还在。我讲完需求之后，他示意我坐在一把椅子上，足足给我讲了一小时四十七分钟。接着他叫来一个对连锁业著书立说的管理人员。之后他还给连锁业联合会打电话，索要有关这个论题的讨论稿。他觉得连锁业能提供一种人性化的服务。他为自己对上百个社区所做的贡献而感到骄傲。他说话时眼睛一直闪闪发亮。他令我从一个我以前从来没想到的角度看待问题。我不得不承认，他完全改变了我以前对他的看法。

我准备离开的时候，他站起身，陪我走到门口，在门口用双臂抱住我的肩，祝福我在辩论中好运。他让我有空再来找他，告诉他辩论的结果。他的最后一句话是："夏天以前请你再来一次，我会跟你签一份买卖煤炭的合同。"

对我来说，这简直是个奇迹。我连"煤炭"两个字都没说，是他主动提出买我的煤。我表达对他和连锁业感兴趣仅仅两个小时之后，就成功地和他结成了生意伙伴。这是我过去十多年孜孜以求但未获得的结果。

克纳菲尔先生，你发现的并不是什么新事物。很久以前，早在耶稣降生的一百多年以前，罗马诗人普布里乌斯·西鲁斯就说过："他人关心我们时，我们也要关心他们。"

因此，要想让人喜欢你，第一条规则是：

真诚地关心他人。

你如果想发展讨人喜欢的性格，发展更有效地人际交往技巧，我想推荐你阅读亨利·林克博士的《回归宗教》这本书。别被这本书的名字吓到。这不是本讲假道学的书。写这本书的人是知名心理学家，接待过三千多位有人格问题的患者。林克博士告诉我，他完全可以把书名改为《如何陶冶性情》。这就是本书主题。这本书非常有趣，又充满教益。你如果读过这本书，按照书中所提的建议行事，几乎可以肯定会提高与人打交道的技巧。

第二章

留下良好第一印象的简单方法

　　我最近在纽约参加了一次晚宴。宴会上，有位继承了一大笔钱的贵妇人非常想给每个人都留下上佳印象。她花了很多钱买貂皮、钻石、珍珠，但表情尖酸而刻薄。她不明白一点：一个女人所表露出来的神色，要比她身上的衣服重要得多。（顺便提一下，妻子要买毛皮大衣时，你可以对她说这句话。）

　　钢铁巨头查尔斯·斯瓦布告诉我，他的微笑价值百万。他也许还低估了自己。他今日的成就都归因于他的人格魅力以及他讨人喜欢的能力。他的个性中最可爱的一点就是他那令人倾心的微笑。

　　我和法国演员莫里斯·切瓦利亚一起待过一个下午的时间，坦白说，我一开始失望极了。他沉默寡言，郁郁寡欢。但出乎我的意料，他没过多久便对我绽放出笑容。那一笑，像云开日明，璀璨极了。这一笑改变了他的命运，否则他现在还在巴黎，和父兄一起做木工活。

　　人的行动比他所说的话更富表现力，对人微笑就表示："我喜欢你，你使我快乐，我很高兴见到你！"

有些狗为何那么讨人喜欢？它一看见你，便高兴得欢天喜地，眼睛里只有你一个。我们当然喜欢看到这样的狗。

是否张口笑就可以了呢？当然不是，没有诚意的笑容骗不了任何人。人们知道那种笑是刻意挤出来的，会厌弃它。我说的是真心实意的笑容，发自内心的温暖笑容。一种能在市场上卖出价钱的笑容。

纽约一家大百货公司的人事部经理告诉我，他宁愿雇一个小学没毕业却拥有可爱微笑的女职员，也不会雇一个面如冰霜的哲学博士。

美国一家大橡胶公司的董事长告诉我，根据他的观察，一个人无论做什么事，如果做的时候不高兴，便很难取得成功。这位工业界巨头不太相信苦干是成功之钥这句老话。"我认识的某些人，"他说，"因为乐于经营自己的事业而取得成功。但后来，他们苦干起来，觉得工作沉闷乏味。他们失去了工作的乐趣，事业也失败了。"

你如果希望他人很高兴见到你，你也得很高兴见到他人。

我曾经让几千个生意人时刻都对人微笑，一周后到班上给学员宣讲这样做的效果。这种办法能产生什么效果呢？我们可以看看……我在这里讲个纽约证券交易所交易员威廉·斯滕哈德的故事。他的经历不是个例。事实上，相似的事发生在好几百个人身上。

"我已经结婚十八年了，"斯滕哈德写道，"多年以来，从起床到出门做事，我很少给妻子笑脸，连话都说不上几句。我是百老汇行人中脾气最坏的人。

　　"你要我就微笑的经验做一次演讲，我决定试着微笑一个星期。我次日清晨梳头时，看着镜中沉闷的面容，对自己说：'比尔，你今天要一扫你的旧容，要微笑，从现在开始。'我坐下吃早餐时，微笑着对妻子说：'亲爱的，早上好。'

　　"你事先提醒我她可能会非常惊讶。你低估了她的反应。她很迷惑，她震惊了。我告诉她以后这将是种常态。我至今已经坚持了整整两个月。

　　"在这两个月中，我因为改变态度而得到的家庭欢乐比过去一整年得到的都要多。

　　"现在我每天离开家去上班时，都会微笑着对开公寓里电梯的人说一声'你早'，我对门卫微笑，对地铁售票厅给我找零的售票员微笑。我身处交易大厅时，还会对那些以前从来没见过我笑容的交易员绽放出微笑。

　　"我不久便发现，人人都对我抱以笑容，我和颜悦色地对待向我抱怨和倾诉的人。我微笑着倾听，发现问题比以前容易解决了。我发现笑容每天都能给我带来许多财富。

　　"我和另一位交易员共用一间办公室。他的助理是个非常讨人喜欢的年轻人。我最近对这个小伙子讲了我的人际关系新哲学，他的反应非常热烈。他说他刚来办公室时，觉得我是个脾气很坏的人。最近他改变了对我的看法，他说我笑起来很有人情味。

　　"我再也不批评他人了。我更愿意欣赏和称赞，而不是谴责。我不再说自己需要什么，而是试图从他人的角度看问题。我的生活被潜移默化地改变了。我成为一个完全不同的人，一个更快乐、充实，拥有许多朋友和无尽快乐的人，而友谊与快乐是生命中最重要的两件东西。"

记住，这封信是一位饱经世故、聪明绝顶的股票经纪人写的。他在纽约证券所以买卖证券为生——买卖证券可不是什么容易的行当，一百人干这件事，九十九个会失败。

你读到这里，也许觉得自己该笑了。不妨试试一个方法：强迫自己微笑。你如果是独自一人，就吹吹口哨，唱唱歌，做出快乐的样子。你这样做，能使自己真的快乐起来。哈佛大学已故詹姆斯教授是这么论述这个问题的：

行动似乎是跟着思想走的，但其实行动与感觉是并行的。我们能使直接受意志支配的行动有规律，也能使不受意志支配的行动有规律。

我们不是那么快乐，要重新得到快乐，就是行事说话都表现得很快乐，好像真的很快乐……

世界上所有人都在寻求快乐，控制自己的思想是个行之有效的方法。快乐不依于外，而是来自你的内心深处。

你快不快乐，在于你看待问题的方式，而不是你拥有什么，是什么身份，在什么地方，在做什么工作。比如两个人处于同样的地位，在做同样的工作，收入也几乎完全一样，可是其中一个轻松愉快，另外一个整天愁眉苦脸。原因何在？答案很简单，他们两人的心境不一样。在中国酷热的条件下工作、每天只赚七美分的工人，可能会笑得和公园大道①上的行人一样灿烂。

莎士比亚说："事无善恶，思想使然。"

林肯也曾说："大多数人得到的快乐同他们决意要得到的相差不多。"他说得没错。我最近见到一个鲜活的例子。前不久，我在长岛地铁站上楼梯时，碰巧看到三四十个身体有残疾的孩子也在上楼梯。一个男孩还需要他人抱他上去。他们的欢笑使我很惊奇。我跟带他们的老师提到这一点。"没错，"他说，"孩子们意识到自己将残疾一辈子后，起初会很恐惧。但最初的恐惧过了以后，他们会接受命运，决心和普通孩子一样快乐。"

我真想对这些残疾孩子脱帽致敬。他们给我上了我永难忘怀的一课。

女演员玛丽·皮克福德准备和导演、演员道格拉斯·费尔班克斯离婚时，我和她待了一下午时间。世人一定以为她郁郁寡欢，但在我眼中，她比任何人都要平静，全身焕发出快乐。玛丽是如何做到的？她那本三十五页的小书揭示了这一点。到公共图书馆很容易找到玛丽·皮克福德的《为什么不找上帝呢？》这本书。

前圣路易斯金鹰队三垒手，现美国最成功的保险经纪人富兰克林·贝特加告诉我，他多年前就知道，一个面带笑容的人总会受到欢迎。因此，你进入他人的办公室以前，应该先站一会儿，回想应该谢他的事情有多少，脸上露出发自内心的笑容，保持笑容，进入对方的办公室。

---

① 纽约著名购物街。

他觉得就是这个简单的技巧让他在保险业中取得成功。

仔细琢磨琢磨出版人埃尔伯特·哈巴德这个圣明的建议——但千万记住，光记住是没有用的，得实践：

每次外出时，正正颜，抬头挺胸，让肺部充满新鲜空气，尽情地晒晒太阳。对朋友微笑，郑重其事地跟他握手。别怕误会，别想不愉快的事，不要把时间花费在怀恨他人上。在心中确定自己喜欢做什么，向着目标径直前进，集中精神做你喜欢做的事。随着岁月流逝，你会发现你在无意中已经抓住了满足欲望的机会。你把自己想象成一个有能力、诚恳、有用的人，你有了这种想法以后，就会时时刻刻地改变自己，使自己渐渐成为这种人……思想是至高无上的。保持正确的心态——勇敢、诚实、乐观。正确的思想能激发创造力。很多事情都由欲望而起。真诚的祈求总会得到应验。我们想要成为什么样的人，把意念埋在心里，才会变成那样的人！放松凝重的脸色，抬头挺胸，我们是明天的主宰。

古代中国人非常聪明。他们有句格言，我们应该将其从纸上剪下来贴在帽子里。那句格言的大意是："不笑莫开店"。

谈到开店，广告人弗兰克·欧文·弗莱彻为科林斯公司做的广告也会给我们很大的启示。

圣诞微笑的价值

它不费本钱，却产出颇丰。

它使得者获益，予者无损。

它瞬间发生，永恒留存。

富人虽富也需要它，穷人既穷也能因之得益。

它在家中生出快乐，在生意场赢得好感，是朋友间的接头暗号。

它使疲惫者得到休息，使失意者感到振奋，使悲伤者看到光明，是天地间解除烦恼的良药。

它不能买，不能求，不能借，不能偷。你放弃了它，它就一文不值。

在圣诞节前大采购的最后一分钟，我们几个忙碌的售货员也许累得笑不出来了。到那时，给他们一个微笑好吗？没有任何人比无力微笑的人更需要微笑。

因此，要想让人喜欢你，第二条规则是：

保持微笑!

第三章

你如果不这么做，就会遇到麻烦

一八九八年，纽约洛克雷村发生一起悲剧。村里一个孩子死了，邻人纷纷准备为他送葬。吉姆·法莱去马棚里牵马。此时地上积了厚厚一层雪，天非常冷。有匹马被关在马棚里好几天，被引到水槽边时高兴地在地上直打转，双蹄腾空，竟然将法莱给活活踢死了。一周内，洛克雷村举行了两场葬礼。

法莱只留给妻子和三个孩子几百块保险金。

他的长子小吉姆只有十岁，为了生计，去一家砖厂工作。他要把沙土倒入模子，压成砖瓦，再拿到阳光下晒干。吉姆没有机会受更多教育，但他有爱尔兰人达观的性格，人们都很喜欢他，愿意接近他。他后来从政，经过多年磨炼，逐渐养成善于记忆人名的特殊才能。

吉姆连中学也没上过，但他到四十六岁时，已有四所大学赠予他名誉学位。他当过民主党全国委员会主席以及邮政部长。

有一次，我去拜访吉姆先生，请他告诉我他成功的秘诀是什么。他简短地告诉我："苦干！"

我对他说："别跟我开玩笑了。"

他问我，你认为我成功的原因是什么？我说："吉姆先生，我知道你能叫出一万个人的名字。"

"不，你错了！"吉姆说，"我大约可以叫出五万个人的名字。"

别对此感到惊奇。他正是凭借这种本领，把罗斯福带入白宫。

在为石膏公司做销售员、四处游说他人的那些年中，在纽约州石点镇当书记员的那些年中，吉姆创造了一套记忆人名的方法。

吉姆的这套方法并不难学。他每次认识一个新朋友，就问清楚对方的姓名，是做什么职业的，家里有几个人，政治倾向是什么。他把这些问题的答案牢记在心里。他下次再遇到这人，即使是在一年之后，都能拍拍那人的肩膀，问候他的妻子儿女，甚至和那个闲聊他家后院的花草。

罗斯福竞选总统之前几个月，吉姆一天要写数百封信，寄给他在美国西部、西北部各州的熟人和朋友。接着，他搭乘火车，十九天里走遍美国的二十个州，行程一万二千英里。他一路上除了乘坐火车，还使用轻便马车、汽车、轮船等交通工具。他每到一处，都会在早餐、午餐、茶会和晚餐上与人推心置腹地交谈，之后再赶往另一个目的地，开始下一次交谈。

他回到东部以后，立即给他拜访过城镇的某一位朋友写信，请对方把他与之谈过话的人员名单寄给他。名单上的人不计其数，这些人都收到了吉姆略带逢迎的来信。信以"亲爱的比尔"或"亲爱的乔"开头，信尾无一例外都签着吉姆的姓名。

吉姆很早就发现，普通人对自己的姓名，远比对世界上其他任何人的姓名都感兴趣。记住一个人的姓名并自然地叫出来，对他就是一种微妙的恭维。反过来，忘记他人的姓名，或叫错了，你就会进入一种非常不利的境地。我曾在一次于巴黎做演讲时，给城里的所有美国人发了印刷信。我雇的打字员英文非常差劲，把许多人的姓名写错了。一家美国银行的经理因为自己的名字被写错了，写信责备了我一通。

安德鲁·卡内基因何而成功呢？

他虽然被称为钢铁大王，但对钢铁制造知之不多。他手下有好几百人在专业知识方面比他丰富得多。

但他知道如何与人相处——这就是他致富的秘诀。他早年就表现出很强的组织和领导才能。他在十岁时发现人们很重视自己的名字。他利用这一发现，寻找与他人协作的机会。有这么一个故事：卡内基小时候住在苏格兰，他那时养了一只公兔和一只母兔。它们不久便有了一窝小兔，卡内基没有东西喂它们，但想到一个绝妙的主意。他告诉邻居家的小孩，他们如果愿意采集蒲公英和金花菜喂小兔子，他就可以以他们的名字给兔子命名，以表示对他们的敬意。

卡内基永远也不会忘记这种手法的神奇魔力。

多年以后，他用同样的心理魔法赚取了上百万美元。例如，他要将铁路路轨卖给宾夕法尼亚铁路部门，就在匹茨堡建造了一所钢铁厂，以宾夕法尼亚铁路局局长的名字将其命名为"汤姆森钢铁厂"。

这位钢铁大王与普尔门竞争卧车的经营权时，又想起了小时候在兔子身上收获的教益。

卡内基控制的中部运输公司和普尔门的公司都想获得环太平洋铁路公司卧车的经营权。他们互相打压，不断降价，损失了获利的机会。一次，卡内基和普尔门同去纽约面见环太平洋铁路公司的董事长。有天晚上，他们在圣尼古拉斯饭店相遇了。卡内基见到普尔门，开门见山地说："普尔门先生，晚上好，您不觉得我们是两个傻蛋吗？"

"你这是什么意思？"普尔门问。

于是卡内基将自己能使双方共同获益的想法说了出来。卡内基用振奋人心的话语描绘了双方合作，而不是对抗的前景。普尔门认真地听着，但并没有被说服。他听完后半信半疑地问："新公司叫什么名字？"卡内基想都没想就回答："当然是普尔门卧车公司。"

普尔门的表情舒展开来。"到我的房间来，"他说，"我们再好好谈一谈。"这次谈话促成了工业史上的一段佳话。

高超的记忆力以及对人的尊重，是卡内基成为商界领袖的秘诀。他以能叫出很多工人的名字为荣。他常得意地说，他掌管公司的时候，从未发生过罢工。

波兰钢琴家和外交家帕代雷夫斯基也是如此，他一直把为他服务的黑人厨师称为"科帕先生"。帕代雷夫斯基十五次周游美国，在东海岸和西海岸之间为喜欢他的观众献上美妙的音乐。他每次出行，都和这位厨师同坐列车包厢，好让厨师在演奏会后给他准备夜宵。他从不像其他白人那样以"乔治"称呼这位黑人厨师，而是以优雅的传统叫他"科帕先生"。科帕先生很喜欢主人这样称呼他。

人人都很重视自己的名字，愿意为了自己的名字流传下去付出任何代价。一贯以冷静著称的马戏团老板巴纳姆为没有儿子传承他的姓而懊丧不已。他承诺给外孙希利两万五千美元，只要希利在名字中加入巴纳姆这个姓氏。

两百年前，富人经常出钱，让作家们在书的扉页写上把书敬献给他们的话语。

图书馆和博物馆的珍本藏书通常是一些不愿自己的名字被遗忘的人赠送的。纽约公共图书馆有德裔美国资本家阿斯特尔和瓷器商莱诺克斯赠送的藏书。大都会博物馆长存着零售商阿尔特曼和银行家J.P.摩根的名字。每座教堂的彩色玻璃窗都镌刻着赠送人的名字。

许多人总以没有足够的时间和精力当作不记得旁人名字的借口。他们说自己太忙。但他们有富兰克林·罗斯福忙吗？罗斯福记得与自己只有一面之缘的机械师的名字。

克莱斯勒公司为中年后行动不便的罗斯福制造了一辆特别的汽车。该公司的技术主管张伯伦带个机械师，把汽车送到白宫。张伯伦先生在一封信函中谈到了自己的白宫之旅：

我向罗斯福总统介绍了驾驶这辆带有许多特别装置的汽车的窍门，而总统教了我与人打交道的艺术。

总统在白宫热情地欢迎我，他叫了我的名字，让我非常安心。他对我的展示和说明真的很感兴趣，这一点让我印象深刻。这辆车设计完美，能单靠手来驾驶。罗斯福总统对上前围观的人说："我觉得这辆车真是太棒了。你一按开关，就能毫不费力地把它开走。

我觉得这车非常好——我真想知道它是怎么运行的。我要是有时间，愿意拆开这辆车，好好研究一下它的工作原理。"

许多同事朋友对总统表示羡慕，总统当着他们的面对他说："张伯伦先生，感谢你花费时间和精力设计这辆车。这是一件杰作！"他对散热器、特制后视镜，车里的钟、反光灯、座椅皮套、特制的司机驾驶座和后车厢里带有他名字的衣箱表示赞赏。换句话说，他注意到了我精心考虑的每个细节。他特意将这些装置介绍给罗斯福夫人、劳工部副部长帕金斯小姐以及他的秘书。他甚至对黑人老侍者说："乔治，你要好好照顾这个衣箱。"

试驾结束以后，总统转身对我说："张伯伦先生，联邦储备委员会的人已经等了我三十分钟。我想我该回去工作了。"

我带了一位机械师到白宫，将他介绍给罗斯福。他没有同总统谈话，总统是第一次听到他的名字。机械师是个怕羞的人，站在人群后面。但总统在离开我们之前，找到这位机械师，叫出他的名字，与他握手，感谢他到华盛顿来。他的感谢是发自肺腑的，我能感觉到他的真心。

我回到纽约数天后，收到罗斯福总统亲笔签名的照片，和一封简短的亲笔致谢信。他再次感谢我对他的帮助。我激动万分，国家元首竟然花时间做这些小事。

富兰克林·罗斯福知道，记住人的姓名是最简单、最明显、最有效的待人方式——但有几个人能做到这一点呢？

大多数人第一次被介绍给陌生人，与人家谈了几分钟，快告别时，多半已经把对方的名字都忘了。

有个从政的人告诉我："能记住选民名字的是政治家，记不住的只是政客。"

记忆姓名的能力在生意和社会交往中，几乎与在政治上一样重要。

拿破仑的侄子、法国皇帝拿破仑三世曾经自夸道，他虽然国事很忙，但能记住他见过的每个人的姓名。

他有什么技巧？很简单，他如果没听清楚他人的名字，就会说："对不起，我没听清楚。"对方用的如果不是不常见的名字，他就会问："对不起，这名字怎么拼啊？"

他与他人交谈时，会不厌其烦地重复对方的姓名，同时将名字与其人的外貌、神态、表情联系在一起。

这人如果很重要，拿破仑要做的事就更多了。他独处时，会把这人的姓名写在纸上，仔细看一遍，记在脑海里，然后把纸撕了。他就是凭借这样的方法，把对方的形象和姓名牢记在心。

所有这些办法需要你花费一定的精力，但诚如爱默生所言："良好的习惯来自日复一日的小牺牲。"

因此，要想让人喜欢你，第三条规则是：

记住他人的名字，因为对于任何人而言，自己的名字都是语言中最甜蜜最重要的词汇。

第四章

成为健谈者的简便方法

我最近应邀参加一场纸牌局。我不会打纸牌，有一位金发女郎也不会。我们于是坐下来聊天。我告诉她，我在广播人、作家洛厄尔·托马斯从事广播事业前，一度做过托马斯的经理人，并在陪他到欧洲各地旅行期间，帮他准备旅行中的演讲资料。她知道了我的这些经历以后，对我说："卡内基先生，我想请你告诉我你到过哪些地方，又欣赏过哪些美景。"

她说她跟丈夫最近去了一次非洲。"非洲！"我赞叹道，"肯定有趣极了！我一直想去非洲看看，可只在阿尔及尔停留过二十四小时，没去过非洲的其他地方。告诉我，有没有令你记忆特别深刻的地方？你真是太幸运了，我羡慕你，告诉我一些关于非洲的情形吧。"

我们一连谈了四十五分钟。她不再问我到过什么地方，看到过什么景色。她不是真的想听我讲我的旅行，她所要的，只是一个专心的倾听者，让她有机会讲述自己去过哪些地方。

这种人不常见吗？不，许多人都是这样。

举个例子。我最近参加我在纽约的出版商格林伯的一次晚餐会，遇到了一位著名的植物学家。我以前从没和植物学家谈过话，我觉得这个人非常有趣。我好像入了迷，静静地倾听他讲述大麻、室内花卉以及马铃薯的事情。我家有个小花园，他所说的话正好解决了我长期以来没有解决的栽培问题。

如前所述，我们是在参加一个宴会。当时还有其他十几位客人在座，可是我忽略了其他所有人，和这位植物学家谈了好几个小时。

午夜，我向每一位到场者告辞，然后离开。我离开以后，这位植物学家在主人面前极力恭维我，说我"非常能激励人"，还说了其他不少好话，最后把我定义为一个"有趣的健谈者"。

我怎么会是个"有趣的健谈者"呢？要知道，在我们两人的交谈过程中，我几乎没说话啊！我如果不改变话题，即使想说，也没有什么可说的，因为我对植物的了解，不会比对企鹅解剖多。但我做到了一点，那就是听得很仔细。我之所以听得这么仔细，是因为我真的对这个话题感兴趣。他感觉到了这点，自然会觉得非常高兴。倾听，对任何人都是最好的恭维。杰克·伍德福德在《恋爱中的陌生人》里写道："没有人能抵抗全神贯注的倾听。"事实上，我不只是在全神贯注地倾听，而且"满心认可，给予赞赏"。

我告诉他，他的话既有趣又非常有意义——我说的是事实。我告诉他，我希望能有他的这些知识——我的确这么希望。我告诉他，我很想和他在田里走一走——我如果有这个机会，一定不会错过。我告诉他，我必须再见他几次——我真的很希望能再见到他。

我的真诚让他把我看成"有趣的健谈者"。事实上，我只是个善于诱导他人讲话的倾听者。

　　一次成功商业访谈的秘诀是什么？依照注重实际的学者埃利奥特的话来说："成功的商业访谈没有什么秘诀……最重要的就是注意倾听与你讲话的人。没有什么会比这更让他开心。"

　　这是个简单易懂的道理，是不是？你用不着在哈佛读四年书，也能参透这个道理。但很多商人租用豪华店面，降低进货成本，装点橱窗，花费巨额广告费，可雇用的是不愿意倾听顾客讲话的店员——他们打断顾客，反驳、激怒顾客，似乎想把顾客赶到竞争对手的店里。

　　来看看沃顿先生的亲身经历。他在班上讲过这样一个故事：有一次，他在新泽西临海城市纽瓦克的百货商店里买了套西服。这套西服令他很失望：上衣褪色，把衬衫领子染黑了。

　　他带着这套西服返回店里，找到卖衣服给他的店员，告诉店员事情的情形。他把事情的情形告诉店员了吗？对不起，我说错了。他试图把事情的情形告诉卖衣服给他的店员，但没有成功。他的话被店员打断。

　　"我们已经卖出数千套这种西装，第一次碰到你这么挑剔的人。"售货员反驳道。

　　话已经很不好听，语气也非常糟糕。他那不屑的语气好像是在说："你在撒谎，你不是想故意找茬吧？我可以给你拿出一两套这种衣服看看。"

　　争吵正在激烈进行，另一位售货员插话进来："这种黑色衣服开始都有点褪色，没办法，一分钱一分货，是颜料的关系。"

"我这时火冒三丈，"沃顿说，"第一位售货员怀疑我的诚实，第二位暗示我买了一件便宜货。我十分恼怒，正要与他们争吵，他们的经理来了，他知道自己的职责。他让我的态度完全改变。他将一个怒火中烧的人变成一个满意的顾客。他采取了三个步骤：

"第一，他听我从头至尾讲述我的经历，其间未发一言。

"第二，我讲完后，售货员又插嘴，他站在我的立场，同他们辩论。他指出，我衬衫的衣领的确是被上衣染黑的，而且他多次重复，不能使人满意的东西，不应该被从店里售出。

"第三，他承认他不知道造成麻烦的原因，并直率地对我说：'你希望我怎么处理这套衣服呢？你怎么说，我就怎么办。'

"几分钟前，我想让他们收回这可恶的衣服，但这时说：'我只想你告诉我，这种情形是否是暂时的，有什么解决办法。'

"他建议我把这件衣服再穿一个星期试试。他做出承诺：'您如果到时仍不满意，可以换一件满意的。非常抱歉，给你带来不便。'

"我心满意足地离开这家店。一星期里，这件衣服没有出过毛病，我也恢复对这家店的信任。"

这样的人能做到部门经理是理所应当的。那两个店员必将永远在他手下工作——我想说，他们这辈子永远都只配做个店员。不，他们连做店员都不配，只配到接触不到顾客的包装部，打包货品。

挑剔者和激烈的批评者常会在一个能忍耐、有同情心的倾听者面前软化。挑衅者即便像毒蛇那样张嘴吐出毒液，他也照样耐心倾听。几年前，纽约电话公司碰上一个蛮不讲理的顾客。他说电话账单有误，便用最恶毒的语言诅咒接线员，威胁要拆毁电话装置，拒绝缴纳话费，并给几家报纸写了信。这还不算完，他还向公共服务委员会提出申诉，发起针对电话公司的几起诉讼。

电话公司最后派出一位很有经验的调解员去拜访这位不讲理的客人。调解员去那以后，只是安静地听着，尽量让这位喜欢争论的先生发泄牢骚。他只是不断简短地重复："是！是！"并对他表示同情。

"他不断地大声责骂，我安静地听了差不多三个小时，"他在作者的班上谈及这段经历时说，"之后我又去了他那里，继续听他发牢骚。我前后去了四次。第四次访问结束前，我已经成为他创办的一个组织的会员，他称那个组织为'电话用户权益保障协会'。我到现在还是这个组织的会员。据我所知，除了那位老先生，我是这个组织唯一的会员。"

拜访中，我认真聆听，抱着同情的态度对待他的每一个问题。以前电话公司的人从没那样跟他说过话，他对我的态度也渐渐友善起来。第一次拜访的时候，我没提我的立场。第二次，第三次也没有提。但第四次，我圆满地解决了这一事件。他把所有的账都付清了，撤销了对公共服务委员会提出的申诉。

这位先生看起来无疑是在为社会公义而战。但实际上，他所要的是被人看重的满足感。他通过挑剔抱怨去获得这种满足感。从电话公司的调解员身上获得这份满足感以后，那些想象出来的委屈也就消失了。

若干年前的一天早上，一个怒气冲冲的顾客闯进后来成为世界最大毛纺公司的迪特米尔毛纺公司创始人朱利安·迪特米尔的办公室。

"这位顾客欠我们十五美元,"迪特米尔对我解释,"他否认这一点,但我们知道他弄错了,因此公司的信贷部门坚持要他付钱。他接到信贷员的几封信以后,收拾好行囊,乘车到芝加哥,匆匆闯进我的办公室。他说他不仅不会付这笔钱,而且再也不会从迪特米尔毛纺公司买任何商品了。

"我耐心地听完他说的话。我听的时候几次想打断他,但随后意识到这样做非常不明智。于是我让他畅所欲言。他平静下来,能够接受他人的劝说时,我轻声对他说:'非常感谢你来芝加哥告诉我这一切。你帮了我一个很大的忙。我们的信贷部门如果惹你生气了,那就也有可能惹恼到其他优质客户,那样简直太糟糕了。相信我,我非常想听到你的这些意见。'

"他万万没想到我会这么说。我想他略微有点失望,因为他是来芝加哥抱怨的,他以为我会针锋相对,没想到会受到我的夸赞。我告诉他,我们会免去他十五美元的欠款,让他别把这件事放在心上。我们的信贷员要处理上千个户头,而他只要看管自己的户头,我们出错的概率应该比他大。

"我告诉他,我非常理解他的感受。我如果处于他的立场,毫无疑问也会像他那样做。他如果不准备再从我们这里买东西,我可以向他推荐其他毛纺公司。

"过去,他来芝加哥时,我们经常一起吃午餐,这天我照例邀请他吃午餐。他不太情愿地接受了。我们吃完饭回办公室时,他给我下了个比以往任何时候都要大的订单。他轻松愉快地回到家,和我们一样仔细检查几次账单,发现确实少付了十五美元,于是寄来十五美元支票和一封道歉信。

"后来，他老婆给他生了个大胖小子，他给儿子取的中间名叫迪米特尔。他在余生的二十多年里，一直是我的朋友，也一直从迪米特尔毛纺公司订货。"

多年前，有个从荷兰移民过来的贫苦男孩，放学后为一家面包店擦窗，每星期赚五毛钱。他家境贫寒，每天都会提着篮子去街上捡煤车掉在沟里的煤块。这孩子叫爱德华·巴克，一生仅受过六年教育。可是他后来成为美国新闻界最成功的杂志编辑。他是如何成功的？说来话会很长，但可以简单描述他的成功是如何开始的。他事业开始时的情况符合本章原则。

他十三岁离开学校，担当西联的杂工，每星期的工资为六点二五美元，他虽然很贫困，可无时无刻不在寻求接受教育的机会。但他没钱读书，只能自学。他不乘车，不吃饭，把钱节省下来，买了一部《美国名人传》。他读完这本书以后，做了件人们闻所未闻的事情。

他给传记上的每位名人写了封信，请求他们多告诉他一些他们的童年往事。他写信给正在竞选总统的加菲尔德，问他是否曾在一条船上做过童工，加菲尔德正面回复了他。他又写信给格兰特将军，问他一次战役的情形。格兰特将军给巴克画了一张详细的军事地形图，还邀请这个十四岁的男孩共进晚餐，和他谈了一整夜。他写信给爱默生，希望爱默生说些有关他本人的事情。

他不久便和国内很多著名人物通上了信，爱默生、菲利普·布鲁克斯、奥利弗·文德尔·霍尔姆斯、朗格洛、林肯夫人、路易萨·梅尔·阿尔科特、休曼将军、杰斐逊·戴维斯都在其列。

他不仅与名人通信，还利用放假时间去拜访他们，成了他们家里受欢迎的小客人。这种经验使他拥有了宝贵的自信心。这些名人激发了他的理想和志向，他的人生从此改变。所有这一切之所以会发生，只是因为他实施了我们正在讨论的这个原则。

伊萨克·马克森也许是世界上采访名人最多的记者，他说许多人之所以不能给人产生好印象，是由于他们不注意倾听他人说话。"这些人只关心自己要说什么，从不打开耳朵听他人说什么……一些名人告诉我，他们喜欢的不是善于谈话的人，而是那些静听者。不过这种聆听的能力非常鲜见。"

不光大人物喜欢善于静听的人，普通人也是如此。正如《读者文摘》所言："许多人去看医生。只是想找个静听者。"

美国内战进行到最激烈时，林肯写信给伊利诺伊州斯普林费尔德的一位老朋友，请他到华盛顿来。林肯说他有要事要与这位朋友讨论。这位老朋友来到白宫拜访，林肯就废奴宣言是否恰当这个问题，和他谈了好几个小时。林肯分析了赞成和反对此项决定的种种理由，接着又读了些批评他的信件及报刊文章。数小时后，林肯与老朋友互道晚安，送他回伊利诺伊，竟然没有征求对方一点点意见。在整个过程，一直都是林肯在说，他好像需要舒缓一下心情。"谈话结束后，他似乎感到轻松了些。"这位老朋友说。林肯需要的不是建议，而是一位友善的富有同情的静听者，使他可以疏解愁烦。不只林肯，任何碰到麻烦的人都需要这种疏解。发怒的顾客，对上司不满意的雇员，以及受伤的朋友，都需要将心中的烦闷一吐而空。

　　你如果想让他人远远躲着你，在你背后嘲笑你，甚至轻视你，最好的办法是：绝不倾听他人说话，不停地谈论你自己。他人说话时，你如果有自己的见解，不等对方把话说完，马上把见解提出来。你认为，他绝不会比你聪明。为什么要花那么多时间听那些没有见解的话呢？立刻插话，在他说话时打断他。

　　你遇到过这种人吗？很不幸，我碰到过。奇怪的是，这种人中有的还是社交界的名人。

　　这些人非常讨厌——他们自我陶醉，过分强调自己的重要性。

　　这种人只谈论自己，只为自己着想。哥伦比亚大学校长曾说："只为自己着想的人是没有教养的，无论他受过多少教育。"

　　如果想成为一个谈笑风生、受人欢迎的人，就需要静听他人谈话。正如查尔斯·诺瑟姆·李夫人曾经所言："要使他人对你感兴趣，首先要对他人感兴趣。"问他人愿意回答的问题，鼓励他谈论他自己以及他所取得的成就。

　　要记住：和你说话的人，对他的需要和他的问题，比对你的问题关心百倍。他注意自己颈上的一个小痣要比注意非洲的四十次地震还多。下次和人谈话时，千万要记住这一点。

　　因此，要想让人喜欢你，第四条规则是：

　　做个好听众，鼓励他人谈论他们自己。

第五章

如何使他人对你感兴趣

　　每一个到牡蛎湾拜访过罗斯福的人，无不对他渊博的学识感到惊奇。"无论对方是牧童还是驯马人，政客还是外交官，罗斯福都知道同他谈些什么。"传记作家加梅利尔·布拉德福德这样写道。他是如何做到的？答案很简单。罗斯福每接见一位来访者，都会在之前一天晚上了解客人感兴趣的话题。

　　罗斯福和其他领袖都知道：谈论他人感兴趣的话题是征服对方心灵的捷径。

　　耶鲁大学待人和蔼的文学教授威廉·莱昂·菲利普斯，早年就懂得这个道理。

　　"八岁那年，我去斯特拉福德胡萨托尼克河畔利比·林斯利阿姨家过周末，"威廉·莱昂·菲利普斯在有关人性的论文中写道，"一天晚上，有个中年人来拜访。他和家里大人寒暄一通以后，把注意力转向我。我那时正对船感兴趣，而这位客人对船似乎也非常感兴趣。他离开以后，我对阿姨称赞他一番。我说他是个非常好的人，对船很了解！阿姨说，他是位律师，其实对船毫无兴趣。"

那他为什么与菲利普斯谈论船呢？

姨妈说，因为他是个高尚的人，他见菲利普斯对船有兴趣，就谈论让菲利普斯感到愉快的事情，同时使他自己受菲利普斯喜欢。

菲利普斯最后总结道："我永远不会忘记阿姨的那番话。"

我写这个章节时，面前有封信，信是热心童子军工作的爱德华·卡利夫先生寄来的。他在这封信中写道：

"一天，我需要找人帮忙，"卡利夫先生这样写道，"欧洲将举行一次童子军大露营，我想请美国一家大公司的老板资助我一个童子军的旅费。"

"我听说这位老板曾签出过一张百万元的支票，随后又把那张支票作废。他把支票放进镜框，挂了起来。

"所以我走进他的办公室之后做的第一件事，就是请求他让我观赏那张支票。我告诉他，我以前从没有见过谁开过一百万元的支票，我以后要跟我那些童子军讲，我的确见到过一张一百万元的支票了。他高兴地取出支票给我看。我表示羡慕，同时请他告诉我开出这张支票时的情形。"

你们一定注意到了，卡利夫没有谈到童子军，没有谈到去欧洲露营，也没有谈到他的所求所想。他谈的只是对方最感兴趣的事情。我们现在来看看此次会谈的结果：

"那位老板随后问我：'你找我有什么事？'我这才告诉他我的来意。

"出乎我的意料，他不但立即答应我的要求，而且给予的比我要求的多。他不是承担一个男孩，而是五个男孩和我的费用。他签了一张千元支票，叫我们在欧洲住七个星期。他又给我写了几封介绍信，吩咐他在欧洲各城市分公司的经理妥善照顾我们。我们在欧洲期间，他在巴黎亲自接待我们，带我们游览巴黎。之后，他还给童子军中家境贫困的少年提供工作，至今仍然热心地支持我们的工作。

"如果不曾弄明白他对什么感兴趣，什么会使他高兴起来，接近他不会这样容易。

这在商界也是一种很有价值的方法吗？我们可以拿纽约最好的烘焙公司杜弗依兄弟公司的亨利·杜弗依的亲身经历来举例说明。

杜弗依先生一直想把面包卖给纽约的一家旅馆。四年来，他每周拜访这家旅馆的经理，参加这位经理所举办的社交活动，甚至在这家旅馆订过房间，以期做成这笔交易。结果他失败了。

"后来，"杜弗依先生说，"我在研究了人际关系之后，决定改变策略。我要找出这个人最感兴趣的东西。

"我通过调查得知，他是美国旅馆招待员协会的会员，他很想当这个协会的会长，甚至还想成为国际招待员协会的会长。协会不论在什么地方举行活动，他翻山过海，横穿沙漠，都会去。

"我第二天见到他时，就开始谈论招待员协会的事。他这次的反应完全不一样。他和我谈了半小时，说话时声情并茂，语调中充满热情。显而易见，这个社团对他来说非常有分量。我离开他的办公室之前，他劝我也加入这个协会。

"我在这次谈话中根本没提到面包。几天以后，旅馆的厨师长给我打电话，叫我带着货样及价目单过去。

"'我不知道你对老头做了什么，但他真的被你点着穴了！'厨师长说。

"试想一下，我对他紧追四年，尽力想做成这笔买卖，结果一无所获。我如若没有另想他法，找到他感兴趣的东西，恐怕现在还追在他的屁股后面呢。"

因此，要想让人喜欢你，第五条规则是：

谈论他人感兴趣的话题！

第六章

如何让人立即喜欢你

有一天，我在纽约第三十二街和第八大道交叉口的邮局排队寄挂号信，柜台后面的邮局职员似乎对工作很不耐烦：称重、贴邮票、找钱、开收据，年复一年的单调重复。我对自己说："我一定要让这个人喜欢我。我如果想让他喜欢我，就必须说些好话——不是关于我的，而是有关于他的。"于是我又问自己："我可以真诚地赞赏他的什么地方呢？"有时，这实在是个难题，面对一个陌生人时更是如此。但称赞眼前这位职员并不是很困难，我很快就找到他值得称赞之处。

他给我的信件称重时，我热情地对他说："我真希望能有你这样的头发。"

他抬起头，有些惊讶地望着我，满脸笑容，谦逊地回应道："嗯，已经没有以前那样好了。"我告诉他，他的头发可能没有以前那么好，但仍然不错。他非常开心。我们愉悦地谈了一会儿，他最后说："很多人称赞我的头发。"

我敢保证，这位先生一定是蹦蹦跳跳地出去吃饭的。他晚上回到家，一定会将这件事告诉太太。他一定会对着镜子好好打量一番："我有一头多么漂亮的头发啊！"

我讲课时提起过这件事，有个学员问我："你想从他身上得到什么呢？"

我想从那人身上得到什么？我又能从他身上得到什么！

我们如果真的这么自私，一旦没能从他人那里得到好处，就不对他人表示一点赞赏或是一丝真诚的感谢——那么我们的灵魂不会比野生的酸苹果大太多，我们也活该遭遇失败。

是的，我的确希望从那位先生身上得到些什么。我希望得到的是件无价之宝。我也确实得到了。我只希望他快乐，别无他求。这种感觉非常美妙。很多年过去了，这种感觉仍然留在我的记忆里。

人类要遵从一条至关重要的法则行事，那就是永远尊重他人，让他人觉得自己重要。我们如果遵循这条原则，就不会遇到麻烦。它会给我们带来无数的朋友和永久的快乐。如果不遵循这条原则，就会遭遇到无数的困难。约翰·杜威说："人类本质里最深层的行为驱动力是希望能被人看重。"心理学家威廉·詹姆斯教授说："人的深层次渴望是希望得到欣赏。"正如我从前指出的那样，这种需要使人和动物有了分别，使人类文明得以进步。

几千年来，许多哲学家一直在思考人与人的关系这个问题。他们得出的定律只有一条。这条定律并不新颖，早就被人发现了！两千五百年前，索罗斯特把这条定律教给其所有门徒。两千多年前，孔子也在门生面前阐述过这条定律。道教始祖老子也曾在函谷关论述过它。纪元前五百年，释迦牟尼把这条定律留给人间。再往前推一千年，印度教教义上也曾写着相似的语句。一千九百多年前，耶稣在犹太的石山上对门徒宣讲过这条定律。圣经记载了这条世界上可能最重要的定律："你希望他人怎样对待你，你就该怎样去对待他人。"

希望得到他人的认同，希望他人承认你的价值，希望你在自己的小小世界里获得自己对他人很重要的感觉。不喜欢廉价、虚伪的阿谀，渴求真诚的赞赏，希望你的朋友像查尔斯·斯瓦布所说的那样"真诚慷慨地赞美你"。我们人人都需要这些。

所以我们要遵守这条金科玉律——你希望他人怎样待你，你就该怎样去对待他人。

我们应该如何做？又该何时何地这样做呢？答案是：随时随地都可以。

比如说，一次，我向无线电大楼的接待员询问亨利·苏瓦尼先生的办公室所在。接待员穿着整洁的制服，清晰而又骄傲地回答说："亨利·苏瓦尼。（停顿）十八层。（停顿）一八一六房间。"

我走向电梯，又走回去，对那人说："你回答问题的方式很巧妙，你的回答清楚而恰当，你就像一个艺术家，真是了不起。"

他愉悦地告诉我，他为什么答话时要顿一顿，为什么吐字要那么清楚。我的短短几句话让他高昂起头。我上到十八层以后，心里的喜悦又增添了几分。

你大可不必等当了驻法大使，或某个名流俱乐部的主席，才去赞赏他人。你可以每天让赞赏产生神奇的效果。

举例来说，你如果在餐馆里点了一份炸薯条，而女服务员给你上了份焗土豆时，可以这样说："很抱歉麻烦您，但我想要的是薯条。"她会告诉你一点都不麻烦，然后满怀欢喜地给你换上薯条。无他，因为你已经表达了对她的尊敬。

"很抱歉麻烦您"，"能不能请您"，"可否帮我"，"如果不介意的话"，"谢谢你"——这些敬语是减少人与人之间纠纷的润滑剂——同时也能显现你那高贵的品格。

我们可以再举出一个例子。你读过哈尔·凯恩的小说《基督徒，法官，马恩岛人》吗？几百万人读过这部小说。凯恩是个铁匠的儿子，受过的教育不到八年。但他去世时，已经是世界上最富有的作家了。

而凯恩是这样成长起来的。他喜欢诗词，将大诗人丹特·加布里埃尔·罗塞蒂的诗全部读完了。他写了篇文章歌颂罗塞蒂的艺术成就，把文章送了一份给罗塞蒂。罗塞蒂高兴极了，说："对我的才学有这样高超见解的年轻人一定非常聪明。"于是，罗塞蒂请这个铁匠的儿子到伦敦当他的秘书，这也是凯恩一生的转折点。他在这个职位上见到了当代许多大文豪。凯恩在他们的指导和鼓励下，成为享誉世界的大作家。

他在马恩岛格里巴堡的家，现在是旅游胜地，世界各地游客纷至沓来。他遗留下来的产业价值二百五十万美元。但在观赏那处胜景时，有谁会联想到，凯恩如果没有写那篇赞美罗塞蒂的文章，会一辈子过着贫穷的生活呢？

这就是发自内心的赞赏产生的力量。

罗塞蒂认为自己很重要。这并不奇怪。每个人都认为自己重要，非常重要。

国家亦是如此。

你是否觉得自己比日本人优越？事实上，日本人认为他们比你优越得多。一个守旧的日本人看到一个白种人和一个日本女人跳舞，会非常气愤。

你觉得你比印度人优越吗？你有权这样想，可是他们的感觉跟你完全相反。他们不会碰被你这种异教徒的影子笼罩过的食物。

你觉得你比爱斯基摩人优越吗？你有权这样想，可你想知道爱斯基摩人对你的看法吗？爱斯基摩人称好吃懒做、不务正业的无赖叫"白人"，这是他们对人表示轻蔑时用的刻薄话语。

每个国家的人都觉得自己比别的国家的人优越，爱国主义和战争因此产生。

有个无需言明的事实是：你所遇见的几乎每个人，都觉得自己在某些方面比你优秀。因此，要打动他们的内心，最好方法的就是，巧妙地让他们知道，你真的觉得他们很重要。

记住爱默生的话："凡我遇到的人，都有比我优秀的地方，我要向他们学习。"

令人悲伤的是，有人常用色厉内荏和让人生厌的咆哮和吵闹来遮掩不足，而不争取微小的进步。

莎士比亚曾经说："人是何其的骄傲啊！他们借着一点暂时的能力，在上帝面前胡作非为，天使也不禁为之落泪。"

我接下来将讲述我的三个学员利用这些原则取得不错效果的事例。第一个学员因为亲戚的原因，不希望其名字被透露出来。他是康涅狄格的律师，我们姑且称他为 R 先生。

R先生参加培训不久，有一天开着汽车和太太一起去长岛拜访亲戚。太太让他陪姑妈闲谈，自己则去看望同辈亲戚。他决定把在课上学到的原则试着运用在姑妈身上。他环顾四周，寻找可供赞美之处。

他问姑妈："这栋房子是一八九〇年前后建的吗？"

"是的。"姑妈回答他。

"它使我想起我出生的那栋房子，"他说，"古朴而美丽，非常宽敞。你知道吗？现在很难找到这样的房子了。"

"是的，"姑妈回应，"现在的人不在乎房子好不好看，觉得有一套小公寓、一台电冰箱和一部汽车就够了。

"这是栋梦幻一样的房子，"老姑妈沉浸在美好的回忆中，柔情地说，"这栋房子是我们用爱建成的。我和丈夫梦想拥有这样的房子很多年了。我们没有请建筑师，房子完全是自己设计的。"

接着姑妈领着他到各个房间参观。R先生对她一生在旅行中收藏的各种宝贝——佩斯利细毛披巾，英国古典茶具，韦奇伍德陶瓷，法式家具，意大利名画，曾经挂在法国封建时代城堡里的丝帷——都真诚地加以赞美。

"她带我参观房间以后，"R先生说，"又带我参观车库，车库里停着一辆很新的帕卡德牌汽车。"

她轻声说："这部车是我丈夫去世前不久买的。他去世后，我再也没有坐过这车……我把这部车送给懂得欣赏美丽事物的你好了！"

R先生非常意外，他说："姑妈，感激你的好意，可是我不能接受。我和你连近亲都算不上。况且我自己已经有了一辆新车。你有很多更亲近的亲戚，他们一定会喜欢这部车的。"

"近亲？"老姑妈提高嗓门，"是的，我有很多血缘更近的亲戚，他们都希望我赶快离开这个世界，好得到这部车。可他们永远得不到。"

"你如果不想把这部车送给亲戚，可以把它卖掉。"R先生提议。

"卖掉！"老姑妈叫道，"你觉得我会卖掉这部车吗？我会忍心看着陌生人驾着这部车行驶在街上吗？这是我丈夫特地为我买的，我从来没想过卖掉它。我愿意把它交给你，因为你懂得欣赏美丽的事物！"

R先生仍想婉拒，但又不想伤了这位远房姑妈的感情。

这位老妇人带着细毛披巾、法式家具以及对丈夫的回忆，孤身一人住在宽敞的房子里，极其渴望得到认同。她曾经年轻美貌，为许多男士所追求。她和丈夫建造了这栋包含着爱的房子，并且从欧洲各地搜集了很多珍品，陈设在房子。现在她风烛残年，渴望获得一点人间温暖，一点真心的赞美——可是没有一个人愿意她。她得到温暖时，就像在沙漠中得到一泓清泉，心底自然充满激动和感谢，以至于愿意慷慨赠出这部帕卡德汽车。

唐纳德·麦克马洪是纽约刘易斯&瓦伦丁苗圃和园艺公司的主管，他对我讲了下面这个故事：

我听了"如何赢得朋友和影响他人"的演讲不久，接到一个为著名法官做园艺的工程。他给了我一些建议，告诉我他想在哪里种石楠和杜鹃花什么的。

我说："法官大人，听说你爱狗，养了很多漂亮的好狗，每年在麦迪逊广场花园的展览上都能得好几项蓝缎带奖。"

这句夸赞引来非常不错的反应。

"是的，"法官回答道，"养狗给我带来了很多乐趣。想看看我的那些狗吗？"

我们差不多花了一个小时的时间看狗。他带我观赏他养的各种狗和狗所获得的荣誉。他还向我说明，血统对狗的外貌和智慧有何影响。

随后，他转身问我："你有孩子吗？"

"是的。"我告诉他。

"他会想要条小狗吗？"法官问。

"当然想，他会高兴坏的。"

"那好，我送他一条。"法官说。

他告诉我怎样养狗，说了一会儿后停顿下来。"这样很容易忘记，我替你写下来吧。"他说着走进屋，打了份血统族谱和饲养说明书给我。他不但送给我一条价值一百美元的小狗，还在百忙之中挤出七十五分钟时间。这完全是因为我赞美了他的爱好和成就。

柯达公司乔治·伊斯曼发明的透明胶片使电影制作业突飞猛进，同时获得上亿美元的财富，成为举世闻名的商界精英。他虽然有这样伟大的成就，可是跟你我一样，也渴望他人的赞赏。

数年前，伊斯曼在罗切斯特建造伊斯曼音乐学校。他为了纪念母亲，又建造了基尔伯恩艺术大厅。纽约前卫桌椅公司老板詹姆斯·阿达姆森想得到音乐学校和艺术大厅的座椅合同。阿达姆森给建筑师打电话，约伊斯曼在罗切斯特见面。

阿达姆森到罗切斯特以后，建筑师对他说："我知道你很想得到这份订单，但伊斯曼很忙，你如果占用他五分钟以上时间，就别打算做这笔生意了。他脾气很大，又非常忙。请迅速说明来意，然后立即离开他的办公室。"

阿达姆森听了以后，准备照做。

他被带到一间办公室，伊斯曼正俯在桌上，处理一堆文件。伊斯曼见有人进来，抬起头，摘下眼镜，走向建筑师和阿达姆森，说："两位早，请问有何见教？"

建筑师为两人做了介绍以后，阿达姆森说：

伊斯曼先生，我等您的时候，一直在欣赏你的办公室。我想，我如果能有间像您这样的办公室，那该多好啊！我从事家具行业很久了，可从没有见过如此漂亮的办公室。

乔治·伊斯曼回答：

你使我想起几乎被我忘了的一些事。这间办公室的确很美。办公室刚装修好时，我经常看看办公室的布置。但我现在实在太忙了，有时接连几周都注意不到这里的陈设。

阿达姆森走到墙边，摸了摸墙壁上的壁板。"这是英国橡木吧，和意大利产的橡木略有不同。"

伊斯曼陪他参观办公室，讲述自己所参与设计的比例、色彩、雕刻以及这种设计产生的效果。

他们在办公室里参观一会儿以后，在一扇窗前停下脚步。乔治·伊斯曼说，他准备大力捐助罗切斯特大学、罗切斯特公立医院、顺势疗法医院、敬老院和儿童医院。阿达姆森称赞他的义举。伊斯曼打开玻璃橱，取出他拥有的第一架照相机，那是他从一个英国人手里买下的。

阿达姆森于是询问他早年的奋斗经历。伊斯曼感慨地回忆起幼年时的贫苦情景：孀居的母亲在寄宿学校打工，他在保险事务所干零活，每天只拿到五十美分。生活在贫困中的他立志要多赚钱，早日让在寄宿学校工作的妈妈享福。阿达姆森任他自由发挥，还听了他讲述用底片做实验的一些事情。他说他经常整天工作，有时还通宵做实验，只在化合物反应的间歇打个盹，有时一连工作七十二个小时都不换衣服。

詹姆斯·阿达姆森上午十点十五分进入伊斯曼的办公室，建筑师告诫他，伊斯曼最多只能给他五分钟。可一小时过去了，两小时过去了，两人仍然在交谈。

阿达姆森告辞时，伊斯曼转身对他说："我上次去日本时买了几张椅子，我把它们放在阳台上，阳光把椅子上的漆晒掉了，我买了些油漆回来自己漆，你要不要看看我自己漆的椅子？来我家吃午饭吧，我让你看看我自己漆的椅子。"

饭后，伊斯曼把他从日本带回来的椅子拿给阿达姆森看。这几把椅子每把不会超过一点五美元，但身价上亿的伊斯曼对它们很自豪，因为椅子上的漆是他自己漆的。

音乐学校和艺术大厅的椅子总价九万美元。阿达姆森还是他的竞争对手能拿到合同应该是不言而喻的吧。

从那时起一直到伊斯曼去世，两人一直保持密切联系。

从哪里开始运用这赞美他人的魔术呢？家。没有比家更需要相互赞美的地方。你们的妻子对此一定有深刻的体会——别忘了，你起初还担心她不嫁给你呢！但你们已经有多长时间没有赞美妻子的美丽了？很久，一定很久了。

几年前，我在加拿大新布伦瑞克省米拉米奇一条河的上游钓鱼。我孤身一人在加拿大的深山老林里，陪伴我的只有当地的一份报纸。我读了报上包括广告及多萝茜·迪克斯文章在内的一切内容。迪克斯的文章非常棒，我把文章从报上剪下保存起来。她说她厌烦了给新娘开讲座，声称应该把新郎也拉进来，给他们一些建议：

在学会赞美妻子之前不要结婚。婚前赞美未婚妻是男人的义务。婚后赞美更是必须——这有助于维持婚姻的稳定。婚姻不只需要坦白，还需要一定的外交手腕。

你如果想过得悠闲，就别拿妻子的厨艺和操持家务的水平与你妈妈做比较。不仅如此，你还要经常称赞她持家有道，真心慨叹自己娶上了一位集美貌和会做家务为一身的女子。即便牛排烧糊，面包烤硬，你也不能抱怨。你可以告诉她牛排和面包没有达到往日的完美水准，这样她下次才会做得更好。

别太突然转变——不然你妻子起疑心的。

今天或明天晚上，送她一束花或一盒蛋糕。别仅仅口头说："这是你应得的！"应该用行动去表明！除了送礼物，再给她一个笑容，给她一些感激的话语。越多丈夫和妻子这样做，触礁的婚姻就越少。

想知道如何让一个女人爱上你吗？有一个很奏效的秘诀。这条秘诀不是我凭空想出来的，而是我从迪克斯女士那里借鉴来的。有一次，迪克斯访问一位已经成为新闻人物的重婚者。这人骗了二十三个女人的芳心和她们在银行里的存款。（顺便提一句，迪克斯女士是去监狱拜访他的。）迪克斯女士问他得到女子青睐有什么技巧，他说没什么技巧，只要对女人谈论她自己就行了。

这个技巧在男人身上同样有效。精明过人的英国首相迪斯累利说："和人谈论他自己，他会静静地听上数个小时。"

因此，要想让人喜欢你，第六条规则是：

真心实意地让他人觉得他很重要。

你已经读了这本书很长时间。合上书，静静心，马上把赞美他人的原则用在身边的人身上，看看这样做产生的魔力吧。

总结

让他人喜欢你的六种方式

方式一：真心地关心他人。

方式二：保持微笑！

方式三：记住他人的名字，因为对于任何人而言，自己的名字都是语言中最甜蜜最重要的词汇。

方式四：做个好听众，鼓励他人谈论他们自己。

方式五：谈论他人感兴趣的话题！

方式六：真心实意地让他人觉得他很重要。

第三部

让他人想你之所想的十二种方式

第一章

争论不会产生赢家

二战结束后不久的一天晚上，我在伦敦学到宝贵的一课。我当时是罗斯·史密斯爵士的私人助理。战争期间，他是澳大利亚驻巴勒斯坦代表。停火以后，他因一个月内绕地球半周而轰动全世界。这是前所未有的壮举。澳大利亚政府为此奖励了他五千美元，英国女王授予他爵士头衔。一时间，他成了英国的焦点人物——被称为英国的林德伯格。有天晚上，我参加欢迎史密斯爵士的宴会。席间，坐在我旁边的人跟我讲了个故事，还说到"我们无论多么粗俗，总有位神规范我们的言行"这句格言。

讲述者说这句格言来自《圣经》。他错了。我很肯定他错了。这点没有丝毫疑问。我为了显示出重要感和优越感，贸然地指出他的错。他坚守自己的观点：出自莎士比亚的著作吗？太荒唐了，根本不可能。这句格言肯定出自《圣经》，任何人都知道这一点！

这个人坐在我的右边，我的老朋友弗兰克·加蒙德坐在我的左边。加蒙德多年致力于研究莎士比亚的著作。我和这个人达成共识，将这个问题交给加蒙德先生。加德蒙听了问题以后，在桌子下面踢了我一脚，说："戴尔，错的是你，他没搞错，这句话的确出自于《圣经》。"

晚上，在回家的路上，我对加蒙德先生说："弗兰克，你应该很清楚，这句话的确是莎士比亚说的。"

"是的，"他回答说，"出自《哈姆雷特》第五幕第二场。但我们作为宴会的客人，为什么非得证明他人是错的呢？你这样做，会让他喜欢你吗？为什么不给他留点颜面？他并没有征求你的意见，你为什么非要和他争辩？请记住，尽量避免与人发生正面冲突！"

"尽量避免与人发生正面冲突！"说这句话的人已经不在人世，但他的这句话一直留在我的记忆中。

这句话对我很重要，因为我很喜欢与人争辩。小时候，我和哥哥就天底下所有的事情都发生过争辩。我进入大学以后，学了逻辑和辩论，参加了好几次辩论大赛。我必须让对手知道，我是来自密苏里的戴尔·卡内基，谁都辩不赢我。我大学毕业以后，又在纽约教演讲和辩论。我很惭愧地承认，我一度还想就这个话题写一本书。我听取、批评、参与、见证过几千次辩论。我见证了这所有的辩论以后，得出一条结论，要想从争论中获取最大利益，那就是尽量避免争论……像避开毒蛇和地震一样避开争论。

十次辩论中大概有九次，辩论者在辩论结束后比之前更坚信自己是正确的。

争论无赢家。争论失败，当然是种失败。但你即便获胜，也是失败的。为什么这样说？如果你战胜他人，让他的论点显得漏洞百出，证明他神经错乱，但这又怎么样呢？你自我感觉很好，但是他呢？你使他觉得自己脆弱，自尊心受到伤害，他自然会对你怀恨在心。

他也许被与自己相悖的观点说服了，但并未改变原先的观点。

波恩人寿保险公司销售员的首条纪律是："不得与客户争论！"

推销不是争论！推销和争论悬若天壤。人的想法不是可以通过争论改变的。

几年前，喜欢争辩的爱尔兰人奥海尔到我的班上听课。他没受过什么教育，可喜欢争辩。他做过司机，又做过汽车销售员，他到我这里来是因为，他没能卖掉一辆汽车。我稍加询问，知道他推销汽车时总爱和顾客争论。如果潜在的买主说了汽车的坏话，他就会面红耳赤地和对方说个不停。奥海尔赢过不少次，但他对我说："我走出一个人的办公室时，常常对自己说：'我真的教会了他一些东西。'但我没有卖给他任何东西。"

奥海尔，我的首要任务不是教他说话，而是告诉他少讲话，尽量避免跟人发生争论。

时至今日，奥海尔先生已经是纽约怀特汽车公司的明星销售员。他是如何做到的？他说："我现在走进客户办公室向他推销汽车，对方如果说：'什么？怀特汽车？这种车可不行，白送给我我都不要。我打算买某某公司的汽车。'我听他这样讲，会顺着他的话讲：'老兄，你说得不错，某某公司的车确实很不错，而且是个大品牌，销售员也很能干。买它们的车准保没错。'

"这样一来，他就无话可说了。他如果说某某牌子的汽车最好，我就告诉他我也这样想，他只能闭嘴。他不可能在我也表示同意的情况下一直赞扬另一种车。这样我们就能绕开别的品牌，开始讨论怀特汽车的优点了。

"我过去如果遇到这种情形，一定会恼火，指出某某牌子的汽车如何不好。但我和客户的争辩越激烈，推销的前景就越不妙，客户买我竞争对手产品的可能性就越大。

"回想起来，我真不敢相信自己过去竟然那样推销汽车。无谓的争论使我浪费了很多宝贵的时间。我现在学会了如何避免争论，这样做的成效非常显著。"

本杰明·富兰克林常说：

靠辩论赢得胜利毫无意义，因为你永远不会赢得对手的好感。

不妨好好权衡一下：你是想得到言语上的胜利，还是想得到人们对你的好感？二者很难兼得。

《波士顿邮报》刊登过这样一首打油诗：

这里躺着永远正确的威廉·杰伊，
永远以正确方式行事的威廉·杰伊——
他是对的，他的一生都是对的，
但他死翘翘了，好像做错了什么事。

你在进行辩论时，也许是正确的，绝对是正确的。但你并未能改变他人思想分毫。

威廉·麦卡杜是伍德罗·威尔逊内阁的财政部长，他根据多年的从政经验总结出一句话："靠争论根本无法让无知的人服气。"

"无知的人"？杜先生，你说得太保守了。根据我的经验，辩论无法改变任何人的想法，不管其智力如何。

我举个例子。为了一笔九千元的账单，税收顾问弗里德里克·帕森斯先生和一位政府稽收员争论了一个小时之久。帕森斯先生说这是笔死账，永远收不回来，不用纳税。稽收员说："胡说，死账？一定得纳税。"

"稽收员的态度淡漠、傲慢、固执，"帕森斯对班上的学员说，"事实和理由对他毫无用处……我们争辩越久，他越固执。所以我最后决定放弃争论，改变话题，夸了夸他。

"我对他说：'这应该是你处理过的很小的一件事。我研究过税收问题，但只是从书本里得到一点点知识，而你从第一线得来了很多经验。我有时真希望能有你这样的工作。它可以教会我许多。'"

帕森斯说这番话时很真诚。

"稽收员挺直身体，靠在椅子上，讲了许多有关他工作的话，还向我介绍了他所发现的舞弊方法。他的声音渐渐友善起来。接着他又谈起自己的孩子。他临走时答应我再考虑考虑，几天后再给我回复。

"三天之后，他打电话告诉我，他决定照我填报的税额办理税务申报事宜。

稽收员表现出来的是最普通的人性：他需要被人重视的感觉。帕森斯如果和他争论，他可以高声强调立场，以显示自己的重要性。这种重要性一旦被人认可，争论就结束了。他的自尊心得到满足，立即变成一个富有同情心和友善的人。

拿破仑的管家康斯坦特经常和约瑟芬打台球。他在《拿破仑私生活回忆录》第一卷七十三页这样写道："我球技不错，但总会设法让约瑟芬战胜我，她赢了我之后非常高兴。"

我们要从康斯坦特身上学会一课。让顾客、爱人、丈夫或妻子在微不足道的争论上胜过我们一筹。

释迦牟尼说过："恨不止恨，爱能止恨。"误会从不会被争论终止，需要用和解和其他外交手段化解。要学会从其他人的角度看问题。

林肯曾经责备过一位和同僚激烈争吵的年轻军官。"凡下决心有所成就的人，"林肯说，"不应把时间用在个人纷争上，更不能把时间用在乱发脾气、丧失自制上。对争执不下的所谓大事，你要学会放弃；对可进可退的小事，你更要学会放弃。与其被狗咬一口，不如给它让路。你被咬之后，即便杀了那条狗，也不一定能把伤治愈。"

因此，让他人想你之所想的第一条规则是：

避免与人争论。

第二章

肯定会树敌的一种处世方式——以及如何避免

罗斯福在白宫时，说他的判断如果有百分之七十五是对的，那他已经非常满意了。

他这种杰出人物都承认自己的判断只有百分之七十五是对的，那你我又该如何看待自己的决策呢？

你的判断如果有百分之五十五正确，你可以在华尔街日进斗金，买艘游艇，娶个拉拉队女孩。你如果连百分之五十五的正确率都没有，又凭什么指责他人错了呢？

你想指责他人时，无需开口，眼神、语气、手势就已表明了你的意思。对方会同意你的观点吗？他绝不会同意！你狠狠打击了他的智慧、判断力、骄傲和自尊心。这只会招致他的反击，而不会使他改变看法。你就算有柏拉图或康德那样的逻辑也没用，因为你伤害了他的感情。

千万不要在一开始与人打交道时就试图说："我要证明给你

看。"太糟糕了。这等于向对方表明："我比你聪明,我要教你道理,让你改变想法。"

这是种赤裸裸的挑衅,无疑会造成冲突。对方不会想听你的话,只是想和你乱战一场。

多么温和的态度都很难让人改变主意。因此为何自讨苦吃,自找麻烦呢?

因此,你如果想证明什么,请不着痕迹地道出,不要让他人知道你的意图。英国作家亚历山大·蒲伯曾简明扼要地阐释过这个观点:

教人时要若无其事,建议时要潜移默化。

切斯特菲尔德勋爵对儿子说:

要比他人聪明,但不要让他们知道。

除了乘法口诀表以外,我不再相信二十年前所相信的那一套了。我甚至对爱因斯坦产生了怀疑,再过二十年,我可能连自己在书里写的话也不信了。我对过去相信的一切不是那么相信了。苏格拉底不止一次地对雅典的门徒们说:"我唯一知道的,就是我一无所知。"

我们不会比苏格拉底更聪明,所以从现在开始,不要再指责他人的过错。我们会因此而受益。

有人发表了一通言论，你很肯定他错了，但最好这样说："啊，我是这样想的，但我也许错了，我经常犯错。如果是我错了，我希望能纠正错误。我们一起来把弄清楚吧。"

"我也许错了，我经常犯错。我们一起来把事情弄清楚吧。"这句话拥有着奇妙的魔力和无尽的正能量。

天上地下没有任何人会因为这句话和你展开辩论。

科学家就是这么做的。一次，我拜访只靠肉和水在北极圈待了六年的科学家和探险家斯蒂芬森。他跟我描述了他做过的一个实验，我问他想通过这个实验证明些什么。我永远忘不了他当时的回答。他说："科学家永远不会试图证明些什么，他只会试图发现事实。"

你想使自己的思考尽量科学一些，不是吗？除了你自己，没人能阻止你这么做。

承认错误，就不会惹上麻烦。承认错误会停止所有的争吵，使得其他人和你一样公开和公正，使其他人和你一样，承认自己也许犯错了。

你知道他人错了，并直言不讳地指出，结果会如何呢？我给大家举个例子。最近，一个纽约律师在美国最高法院抗辩卢斯加顿舰船公司的合同官司。官司涉及一大笔钱和一个重要的法律问题。

抗辩中，最高法院的一位法官向 S 先生提问道："相关的律例已经沿用六年了，我没说错吧？"

S 先生瞪了法官一眼，然后不加思索地说："尊敬的法官大人，您说错了，没有这样一条律例。

"法庭上立刻安静下来，" S 先生在班上向学员们介绍，"法庭上的气温似乎降到冰点。我说得没错，弄错律例的是法官大人。我向他指出这一点。但这使他对我友好了吗？没有。我依然相信法律在我的一边。我知道自己发挥得比以前都好。但我终究没能说服他，终究没能说服法庭。我犯了个大忌，我不该当着众人的面，指出学识渊博的知名法官犯了错。"

很少有人是理智的。大多数都怀有偏见。几乎每个人都有臆想、猜疑、恐惧、骄傲和嫉妒的缺点。大多数人不会在宗教信仰、发型、自己加入的党派和对明星的喜好上改变主意。你如果想指出他人做错了，请在每天早饭前读读下面一段话，这段话出自历史学家詹姆斯·哈维·罗宾逊的启智书《意识的形成》。

我们有时会轻易改变决定，但如果有人指出我们错了，我们通常会硬起心肠，将错误的决定执行下去。我们形成一种想法非常容易，但有人建议我们否定这种想法时，我们又非常反感这种否定，对自己的想法抱有异乎寻常的热情。显然，我们热衷的不是自己的想法，而是受到威胁的自尊……"我的"这个词是人类生活中最为重要的一个词，人们从懂事起，就开始使用这个词。"我的晚饭"，"我的狗狗"，"我的父亲"，"我的房子"，"我的祖国"，"我的上帝"，这些词对所有人具有同样的异乎寻常的力量。我们不仅不希望他人说我们的表和车很破，而且不希望他人指出我们以往相信的那些常识是错误的……我们希望自己平日习惯的一切都是正确的，质疑导致怨恨，怨恨使我们拼尽一切找理由证明那一切正确，结果是，我们在所谓的"论证"中只是为捍卫自己的观点而喋喋不休。

一次，我请一位室内装潢师设计家里的窗帘。没过多久，送来的账单把我吓了一跳。

过了几天，一位来访的朋友看到窗帘。他问了价钱以后，夸张地说："什么？这个价钱太荒谬了！你上当了！"

她的话没错，但没人喜欢听这种真话。我只是个普通人，努力为自己辩解。我说这窗帘物有所值，便宜没好货，高品质高品位的东西是低价买不到的。然后我又喋喋不休地说了不少其他话。

第二天，又有一位朋友来访，对窗帘赞不绝口，还说她也希望能买到这样漂亮的窗帘。而我这次的反应截然不同："老实说，我也差点付不起，价钱实在太贵了，真应该事先问清楚。"

我们犯了错时，也许会对自己承认错误。如果他人态度温和一些，或技巧更巧妙一些，我们也许会向他认错，甚至为自己坦白、心怀宽大而自豪。但他人如果有意让你难堪，情况就大不一样了。

美国内战时最著名的记者哈利斯·格雷利与林肯政见不合。他认为嬉笑怒骂能让林肯接受他的意见，便月复一月年复一年、连续不断地在报纸上攻击林肯。林肯总统被布斯射杀的那天晚上，格雷利还写了篇讽刺林肯的文章。

格雷利的嬉笑怒骂让林肯接受了他的意见了吗？当然没有。嘲笑和侮辱永远无法改变人。

你如果想知道该如何与人相处，如何提高自己，可以去看看《本杰明·富兰克林自传》。这是部有趣的传记，也是部美国文学名著。从书店或图书馆弄本来看看吧。

在这部自传里，富兰克林描绘了自己克服好辩恶习，成为美国历史上最为能干、最具外交天赋的政治家的经过。

富兰克林还是一个冒失的年轻人时，一天，教会里的一位老教友把他叫到一边，严厉地斥责了他一顿。

本，你太不应该了。你伤害了太多与你意见不合的人，现在已经没有人会理会你的意见了。你的朋友都觉得，你如果不在场，他们会自在得多。你什么都知道，已经没有人能教你什么了。事实上，没人会试图给你提意见，因为给你提意见等于给自己找气受。所以你的见识也就止于此，你不会再有提高了。

我觉得，富兰克林能成功，完全应归功于这位教友的尖锐批评。富兰克林那时年纪已经不小，有足够的智慧来领悟这些话蕴含的道理。他知道，他如果不痛改前非，将会遭到社会唾弃。他采取正确的态度，改变了以往那种傲慢无礼的处世方法。

"我替自己订了个规则，"富兰克林说，"不当面反对他人的意见，也不能太过武断。少用肯定意味太强的字句，比如说'当然'，'无疑'，而是改用'我推测'，'我琢磨'，或是'我料想'。他人指出我的错误时，我不立刻反驳他，而是婉转地告诉他：在某种情形下，你也许是对的，但现在的情况可能会有点不同。这种改变很快就有了成效，谈话的气氛也变得融洽起来。谦虚的态度更容易被大家接受。争执减少了，我不会因为偶尔出错而感到难堪，我观点正确时，也会更加顺利地争取到大家的认同。

"这种开始让我心不甘情不愿的待人方式，渐渐变成我的习惯。

五十年过去了，没有人再听我说过武断的话语。我觉得，这种习惯（仅次于诚实的一种优良品质）导致市民们在我提出新法规，修改旧法规以及在议会施加影响时支持我。我的演讲术并不高明，我经常用错词，还经常说错话，但他们总是不遗余力地支持我，使我的观点得以实施。"

富兰克林的方法用在商业上又会如何呢？我举两个例子：

住在纽约自由大街一一四号的迈哈尼经销石油业的特种设备。一次，长岛有位重要的老主顾向他订了批货。那批货开始生产后，一件不幸的事发生。买主对朋友们谈到这件事，朋友们说他犯了个极其严重的错误。朋友们有的说货期太长，有的说价格太贵，这些话使他深感忧虑。最后他打了个电话给迈哈尼，说他不想要这批货了。

"我调查后发现，我们并没犯错，"迈哈尼在讲述这个故事时说，"我知道这是他和朋友们没有根据的胡乱猜测。但我感觉到这样说很不妥。于是我决定去长岛跟他亲自交流。我一进他的办公室，他马上从座位上跳起来，快步走向我，口中念念有词。他一边说话，一边激动地捏起了头。他谴责了我和我们生产的设备，然后说：'现在，你看怎么办吧！'"

"我心平气和地告诉他，他的话我可以照听不误。'你是付这笔账的人，'我告诉他，'东西当然得让你满意。当然，责任由我们承担。你如果知道问题出在哪，请再画张图样给我。我们已经花了两千美元，但这根本不值一提。为了让你满意，我们愿意再花两千美元。不过我得把话先说清楚，如果按你给出的图样生产，再有任何错误，责任都在你。如果按照我们的图样生产，出了任何差错，责任由我们负。

"听我这样讲以后，他的怒火渐渐平息下来，最后说：'好吧，照原计划进行好了，如果有什么差错，你只好求上帝帮助你了。'

"结果证明我没有错，他这个季度又向我们公司订了两批货。

"客户侮辱我，向我挥拳，说我不懂业务时，我尽量克制自己，不要去和他争论。我用了好大的劲才控制住自己，但这是值得的。我如果告诉他他错了，和他进行争论，双方也许会打一场官司，造成金钱上的损失，我们公司也会因此失去一个非常重要的客户。是的，我确信向对话者指出错误是不上算的。"

现在来说另一个例子——这个例子是千千万万相似例子中的典型。克劳利是泰勒木材公司的销售员。多年来，他不断告诉顽冥不化的木材检查官他们错了。几乎在每次争辩中，他都能胜过木材检查官一筹。但这又有什么用呢？"这些木材检查员像棒球比赛的裁判员一样，"克劳利先生说，"一旦打定主意，就绝不会做出改变。"

他虽然争得过木材检查官，但木材公司损失了几千美元。他上了我的课程以后，决定摒弃争论，改变策略。结果这么样呢？听听他在班上发言时是怎么讲的吧：

一天早上，办公室里的电话响了。有个气急败坏的人在电话那头说我们运到他工厂的一车木材完全不合格。他的工厂已经停止装卸，要求我们立即将货搬离。四分之一卡车的货物卸下以后，工厂的木材检查官说木材的质量距合格线很远。基于这种情况，他们拒绝接收这批木材。

我立刻出发去工厂。在路上，我反反复复琢磨应对这种局势的最佳方案。通常，我应该运用木材等级评判标准，运用自己作为木材检查员的知识和经验，让对方检查员觉得这批木材合乎标准，他的理解有误。不过我这次想用在培训中学到的原则来试试。

到达工厂以后，我找到对方的采购员和木材检查员。两人气势汹汹，似乎准备和我干一架。我走到卸木头的车旁边以后，让他们继续卸木头，让我观察形势究竟如何。我让检查员走到卸下的木头一旁，把判断为不合格的木材放成一堆，把可以用的木材放在另一堆。

我观察了一段时间以后，发现这位木材检查员确实理解错了检查标准，而且他执行标准时又特别严苛。我们这次出售的木材是特殊的白松木，对方检查员运用的是学校里教的硬木检查标准，对白松木的经验不足，无法判断白松木的好坏。判断白松木的质量恰好是我的强项，但我并没有对他的分级方法做出反对，完全没有。我静静地观察了一段时间，然后问他挑选出的几块不合格木材到底在什么地方不合格。我没有一刻提到他判断错了，而是强调，我这样问，只是为了知道他们未来需要什么样的木材。

友好的提问以及不断对他们挑选的不合格木材的认同使木材检查官的态度渐渐和气起来，双方的紧张关系也开始得到缓解。我的措辞使他慢慢改变想法，产生了这批木材是在合格的标准以内，符合他们标准的木材需要更高价格的观点。当然，我的用词非常小心，不让对方产生被我引导这个想法。

慢慢地，他的想法完全变了。他向我承认自己的确对白松木知之不多，并问了些关于这些已卸下木头的问题。我向他解释了这些木头符合标准的原因，并向他保证如果这些木头和他们的需求不一致，他们可以不接受这些木材。这时他承认，他把这些木材当成不合格产品时，心里也七上八下的。最后，他终于明白，他评判产品等级错误，产品本身没有问题。

我离开以后，他把整车木材重新检查一遍，判断所有木材全都合格，我方也收到全额款项。

一瞬间改变策略，使我方保住了一百五十美元的收入，与客户的良好关系更是金钱所难以买到的。如果直接告诉他他判断错误，天知道情形会怎么样。

顺便提一句，这章并没有提到什么新东西。十九个世纪以前，耶稣说过："要附和你的对手。"

换句话说，别和顾客、配偶、对手争论。别指责他们犯错了，别惹他们发怒。你即便确实有不同意见，也要用一点技巧。

耶稣诞生两千两百年以前，埃及的阿霍托依法老给了儿子一些聪明的建议——这些建议在今天依然有效。阿霍托依法老对儿子说："批评人不能太直接，婉转一点更能达到目的。"

因此，让他人想你之所想的第二条规则是：

尊重他人的意见，千万别说他人错了。

第三章

你如果错了，立刻承认

　　我住在纽约的市中心。从我家步行不到一分钟，就有一片森林。春天一来，这里花儿盛开，松鼠筑巢，野草长得像马一样高。这块还没被人类破坏的林地叫做森林公园——我发现它时的喜悦不亚于哥伦布发现美洲新大陆。我常带着波士顿斗牛犬瑞克斯到园中散步，它是只温和的小狗。森林公园里很少有人，我很少给它系皮带或戴口笼。

　　一天，我在园中碰上一位警察，一位急于显示权威的警察。

　　"你不给狗戴口笼，也不给它系皮带，就这样让它在园中乱跑，这是什么意思？"他厉声谴责道，"你不知道这是犯法的吗？"

　　"是的，我知道，"我轻声回答，"但我觉得它在这里不会造成什么伤害。"

　　"你觉得？你觉得不至于？法律可不管你怎么想。这狗也许会咬死松鼠，伤害孩子。这次就算了，我如果下次再遇到这种情况，就带你去见法官了。"

　　我谦逊地表示我会听他的话。

我接下去几次去公园时，的确照做了。但瑞克斯不喜欢口笼，我也不乐意束缚它，便决定再碰碰运气。起初一切正常，没有人来找麻烦。但没多久，我们又和他撞上了。有天下午，我和瑞克斯跨过一座小丘，突然发现这位"法律的权威"骑着栗红色马出现在我们眼前。瑞克斯奔在前面，径直朝警察跑过去。

我知道自己无法逃避，所以没等警察开口，就先发制人："警官，你把我抓了个正着，我有罪。我没有理由，也不找借口。你上周告诉我再把没戴口笼的狗带出来，就要罚我。我明知故犯，你罚我吧。"

但这位警察温和地说："没人的时候让小狗在这儿跑一跑，的确会让小狗十分惬意。"

"是没错，"我说，"但这样的行为违反了法律。"

"这样的小狗是不会伤人的。"警察反倒为我辩护起来。

"不，它也许会吃掉松鼠。"我说。

"我想你太过认真了，"他对我说，"你让它跑过土丘，让我看不见它——这事就算了结了。"

那位警察只不过是位普通人，需要的不过是受到重视的感觉。所以我自责时，他唯一能保持自尊的方法就是选择宽恕，以体现他的慈悲。

如果和他争论会怎么样——想都别想，你怎么能和警察争论呢？

我没与他争辩，承认他是正确的，我错了。我迅速、坦白、热切地承认自己犯了错。双方都从对方的角度看问题，使这件事圆满地得以解决。器大容人，世界上恐怕没有比这位警察更大度的人了吧。

我们如果知道自己一定会受到责备，应该首先自我责备，这样岂不比被他人责备好得多？自我责备不是比听他人批评更容易一点吗？

你如果将他人正想批评你的事情在他有机会说出来之前自己承认，他就会采取宽容、原谅的态度，不会把你的错误看得那么严重——就像那位警察对待我和瑞克斯那样。

费迪南德·华伦是一位商业广告美术家，他曾用这种方法平息了一个粗鲁无礼顾客的怒火。

"为商业广告绘图，最重要的是要简明精确，"华伦先生在讲述这件事时说。

"有些艺术编辑要求美术家快速交稿。所以作品有时难免没那么好。有位编辑特别喜欢挑刺，我常会气冲冲地离开他的办公室，不是因为他的批评不可接受，而是因为他的待人方式让人难以容忍。最近，我交给他一幅匆忙赶出来的作品，没过多久，他通知我马上去他的办公室，说我有些地方画得不对。和我预想的一样，我到了那以后，他怒气冲冲，一副要指责教训我的样子。他指出画上的好几处地方，问我为什么那么画。这时我想到刚在培训班上学到的自我批评的方法，说："先生，你不高兴是正常的，我的疏忽无可宽恕。我替你画了这么多年，本该知道该如何画。我真的非常惭愧！"

他听到我的话以后，马上说："虽然如此，但也不算太坏，只是……"

我打断他的话："犯错的人总要付出代价，错误总会令人不快。"

他想插话，但我没让他插。我很享受这样的谈话。生平第一次，我对自己展开自我批评——万万没想到，我非常享受自我批评。

"我应该更仔细一点，"我继续说，"你给了我这么多工作，理应收到更好的作品。这样吧，我替你另画一幅。"

他摇头说："不，我不想给你添太多的麻烦……"他赞扬了我的画，说我只要做出一处小小的修改就可以了。他说这点小错不会让公司受到损失，让我不必太自责。

我的自我批评使他怒气全消。他请我吃了顿饭。我们分别时，他签了张支票给我，又交给我另外一件活儿。

蠢人会尽力为自己的错误辩护，而承认错误反而能给人一种尊贵高尚的感觉，使人卓尔不群。比如说，罗伯特·李将军在南北战争中最为人称道的事迹就是自我批评。他在葛底斯堡主动为皮科特揽责。

皮科特冲锋无疑是西方军事历史上最为灿烂的一幕。皮科特本人是个一代强豪，他的赭色头发长及肩部。皮科特和意大利战役中的拿破仑一样，每天都会写下热烈的情书。在那个惨烈的七月下午，他骑着马歪戴着帽子，得意洋洋地朝北方联军的阵地冲过去。兵丁们欢呼着跟着他向前冲。旗帜四下飞舞，刀锋在阳光下闪闪发亮，场面颇为壮观。看到此景，敌方阵地也不禁发出一阵低低的赞叹声。

皮科特的部队踏着轻快的脚步开过农场和玉米田，接着又开过一道山岗。敌人的炮火不时把队列撕开一道道口子，但士兵们却不可抵挡地向前涌去。

突然间，隐藏在石墙后面的北军向他们猛烈开火，排山倒海的炮弹呼啸而来。部队行进其上的山顶瞬间被火海所笼罩，变成一个大屠宰场。没几分钟，皮科特手下的师团长就只剩一个了，五千个士兵有五分之四阵亡。

负责殿后的阿密斯塔德冲锋上前，跨过石墙，挥舞着刀尖上的帽子大喊：

"战士们，给我上啊！"

士兵们纷纷越过石墙，他们用刺刀挑落敌人，用步枪敲掉敌人的脑壳，把南方联军的战旗插在山脊上。

但是，旗帜只飘扬了片刻，随后，南方军队兵败如山倒。皮科特英雄般的冲锋是南方失败的开始。经此一仗，李将军再也无法向北突破，将军对这点心知肚明。

这一仗导致南方注定失败。

李将军极度悲痛、震惊。他向南方邦联的戴维斯总统提交辞呈，请求另派一个"年富力强的人"来统领军队。李将军可以找出一打理由，将皮科特的失败归罪到他人身上。比如有的指挥官不能胜任，又比如马队没有及时支援步枪队的攻势。出错的地方实在太多了。

人格高贵的李将军并没有把过错推到他人身上。皮科特打了败仗，挣扎着回到南方邦联军队的阵地时，李将军骑马迎上前，带着自我批评的语气说："这都是我的过失，我，我一个人输了这一仗。"

历史上没几位将领有如此的品质和胆量，这样自责。

埃尔伯特·霍巴德是少数几个能提奋民族精神的作家，但作品中刺耳的语句常引来抗议。但哈巴德能运用少有人有的应对人的技巧，化敌为友。

经常有气急败坏的读者写信对他的文章提出反对意见，信的末尾常常有各种侮辱霍巴德的称呼。霍巴德收到这样的信以后，会回一封格式信件：

仔细想来，我也不能赞同我自己。以前写的东西今天看来不一定对。我很高兴听到你对这个问题的想法。你下次在我家附近时，请务必前来拜访，我们可以就这个问题聊个痛快。让我们在纸上握个手吧。

此致

你对这样的人能发出什么怨言呢？

我们对的时候，要温和、巧妙地让人想我们所想；我们错了——你若对自己诚实，会发现这种情况很多——立即老实承认。承认错误，会产生令你吃惊的良好效果，而且比为自己辩护更有趣——信不信由你。

记住一句老话："争夺永无止境，退一步海阔天空。"

因此，让他人想你之所想的第三条规则是：

你如果错了，就迅速而真诚地承认。

第四章

通向他人内心深处的康庄大道

发脾气教训人能使你的压力减轻，但被你发脾气的人会怎么想呢？他们会分享你的快乐吗？你的敌意和呛人的语调会赢得他人的认同吗？

"你如果握拳冲向我，"一九一三至一九二一年任职总统的伍德罗·威尔逊说，"我会比你狠上两倍。但你如果过来对我说：'我们应该坐下来合计合计，如果两人意见相左，我们就看看问题在哪，看看分歧点是什么，'我们会发现两人的观点其实相差不大。两人在大多数问题上的观点是相同的，只在少数问题上看法不一样。我们如果有耐心，讲礼貌，有协同一致的意愿，那双方就能在求同存异的基础上协商一致。"

没有人比约翰·小洛克菲勒更加认同伍德罗·威尔逊的这番话。一九一五年，小洛克菲勒还是科罗拉多的一个不起眼的小人物。那时，美国工业史上最激烈的罢工已经持续达两年之久。愤怒的矿工向科罗拉多油料和矿铁公司索要更高的工资，这家公司的管理者正是小洛克菲勒。罢工者破坏公司财产，军队出动，向示威大肆射击，死伤惨重。

在这个暴虐的时刻，洛克菲勒希望用自己的方式来赢得罢工者的认同。他做到了。他是怎样做到的呢？事情是这样的。他先花几个星期深入工人之间，交了不少朋友，也了解了不少情况。接着他对工人代表发表演讲。这是一次杰出的演讲，产生了令人震惊的效果。演讲不仅退却了会把洛克菲勒淹没的怒潮，还为他赢得了不少仰慕者。演讲的用词非常友好，说服力却非常强，工人们听了以后，放弃了不惜用暴力争取更高工资的计划，纷纷回去上班。

下面是这篇非凡演讲的开场白。请读者们注意演讲中透露出来的友善。

别忘了，洛克菲勒面对的是不久前要把他吊死在酸苹果树下的暴躁工人。但他对他们的态度，就像对一群有知识有风度的富翁一样友好。他的演讲里全是表达友情的词句，比如："我很骄傲能来到这里"，"我去过你们的家，见过你们的妻儿老小"，"我们不是作为陌生人，而是作为朋友相见的"，"我们有共同的利益，共同的友情"，"有了你们的宽容，我才能站在这里"。

这是我一生中最值得纪念的日子，我很骄傲来到这里，这是我第一次有幸和公司的员工代表和资方代表见面。我可以告诉你们，我很高兴站在这里，这次聚会将令我永生难忘。假如这次聚会提前两个星期进行，我和你们将会是陌生人，我也只认得出少数几个人的面孔。但从上个星期开始，我拜访了整个南区矿场的居留地，和几乎所有代表促膝谈心，只错过了没有待在居留地的几个人。我去过你们家，见过你们的妻儿老小，因此，我现在不算是陌生人，可以称得上是朋友了。在这个基础上，我很高兴能有这个机会和大家讨论我们的共同利益。

这个会议是由资方和工人代表组成，承蒙你们的好意，我才有机会坐在这里。尽管我不是股东或工人，但我深感与你们休戚相关，从某种意义上，我同时代表了资方和工人这两种身份。

这不正是化敌为友的典范吗？

洛克菲勒如果采取完全不同的策略，会怎么样？他如果同那些矿工争论，出口恫吓，会怎么样？他如果阴不阴阳不阳地暗示矿工们错了，会怎么样？他如果用逻辑证明他们错了，又会怎么样？采取这些方式只能招来更多的暴行，更多的恨意，更多的反抗。

一个人的心里如果满是委屈和恨意，你就算再有理，他也不会想你所想。责备子女的父母、苛责属下的老板、跋扈的丈夫以及抱怨个不停的妻子应该意识到，人们不会那么容易改变想法。他人不会被迫认同你我的想法。但我们如果优雅友善，他们也许会在潜移默化中受到我们的影响。

林肯在一百多年以前说过几乎同样的话：

有条颠扑不破的真理："一滴蜂蜜比一加仑苍蝇更能招引苍蝇。"人事也是如此。你如果想赢得人心，首先要让人相信你是他最真诚的朋友。真诚像一滴能吸引心灵的蜂蜜，又像一条康庄大道，直通他人内心深处。

商人们发现，对示威者友好更能达到息事宁人的目的。比如，怀特汽车公司所属工厂的工人要求更高工资和资方承认工会时，公司总裁罗伯特·布莱克没有生气发怒，也没有威胁工人和支持罢工的共产主义者。他在克利夫兰的报纸上发了条广告，称赞他们"放下工具时的平静手段"。他发现这些罢工工人无所事事以后，买了些棒球棒和棒球手套，邀请他们在闲置的车间里打球。他还为喜欢打保龄球的工人租了个保龄球馆。

布莱克总裁的友善收到了效果：工人们同样表达了善意。罢工工人借来笤帚、铲子和垃圾桶，把工厂周围的废木材、破报纸和烟蒂清扫一空。谁能想象得到工人们会在争取提高工资和工会合法地位时主动打扫工厂呢？在美国暴虐漫长的工人斗争历史上，这可是开天辟地的第一遭。罢工在一周内和平解决——结束罢工的工人未带一丝的怨气和恨意。

律师丹尼尔·韦伯斯特在美国声誉极高，出庭时如有神明在侧，无往而不胜。但他辩论时始终使用温和的字眼。他辩论时常友好地说："这点有待陪审团考虑"，"这也许值得我们深思"，"相信各位不会忽视这样几个事实"，"相信各位基于对人性的理解，会看出这件事的实质"。没有恐吓，没有高压，从不把自己的观点强加给他人。韦伯斯特使用这种平静、温和而友好的处理方式，使自己走向了成功。

你也许没有机会平息罢工，也许没有机会面对陪审团侃侃而谈，但你总有机会让房东降降房租吧。试试这种友好的方法，看看它能产生什么样的效果吧。

　　工程师史特劳伯先生想让房东少收些房租，不过他知道房东是个很难打交道的人，恐怕很难办到。他说："我写了一封信给他，告诉他合约期满后我将立即搬出。其实我并不想搬，如果房租能降一些，我还将住下去。但情形并不乐观，很多房客都这样试过，但都失败了。所有人都说这个房东太难打交道。但我对自己说：'我既然正在学习处世之道，不妨将试着用一用学到的原则，看看这些原则究竟有没有效果。'

　　"房东接到我的信后，就和秘书一起来找我。我在门口热情地和他打招呼，给予他真诚的祝福。起先我并没提到房租过高的事，只是夸奖他的房子很漂亮，相信我，我的这番赞美的确是出自内心。我还说他很擅长管理房子，我如果不是付不起房租，真的想再住一年。

　　"显然，他以前没遇到过这样的房客，一时不知该说什么为好。

　　"然后他告诉我他的一些委屈，他说有个房客接连写了十四封信，有几封信的言辞让他特别难堪。另一个房客要他阻止楼上的房客打呼，否则就告他违约。'房客如果都像你这样，那可就太好了。'他说。我没直接提出降房租，他主动为我降了房租。我希望他再降一点，告诉他我承担得起的价格，他没说什么也就爽快答应了。

　　"他离开时，还转身问我，他需不需要再将房子装修一下。

　　"我如果用他人的方法试图降低房租，肯定也会遇到同样的失败。这就是真心赞赏的力量。"

　　我们再举个例子！这次拿曾经登上过《名人录》、居住在长岛花园城的多萝茜·黛依做例子。

"前不久，我请几位朋友吃午餐，我很重视这个聚会，自然希望聚会中的所有事情都能尽如人意，"她说，"我特别请的宴席主理埃米尔做这种事情一向很得力，可他这次让我失望了。午餐做得很不好，埃米尔本人也没到场，只差了个侍者来。这个侍者不知道怎么提供第一流的服务，甚至可以说完全不知道怎样服务客人。他用大碟盛一点点芹菜，肉烧得很硬，土豆又炖得太软，一顿饭被做得乌七八糟。我非常沮丧，但不得不在客人面前强作笑颜。我不住地对自己说：'我见了埃米尔，一定饶不了他。'

"这事发生在星期三。第二天晚上，我听了一场有关人际关系学的演讲，然后意识到责备埃米尔没用。我如果处理不好，他反而会怀恨在心，那么我以后就不好再找他办事了。我试着从他的立场着想：菜不是他买的，也不是他亲自下厨，只怪侍者太笨，把宴会弄得一团糟。或许我把事情看得太重，行事也过于急躁。我没有批评他，而是决定友善地对待他，给他赞许和鼓励，相信这办法一定有效。我第二天见到埃米尔时，他愤愤不平，似乎想跟我争论。我说：'埃米尔，我请客时你如果在场就好了。你是纽约最好的宴席主理，当然，你那天既没有买菜，又没有烧菜，出现那种情况，你也无能为力。'

"听到这话，他立刻不再紧张，露出笑脸，对我说：'太太，错不在我，问题出在厨房。'

"我告诉他：'我准备再举办一次宴会。埃米尔，我需要你的建议。你认为我们应该再用这个厨房吗？'

"埃米尔连连点头，'那当然。太太，你放心，上次那种情形一

定不会再发生了。'

"下一个星期，我又摆起宴席。我和埃米尔制定了菜单，我恭维他一番，丝毫没提起上次的不愉快。

"客人们到达时，桌上已经摆好两束美丽的玫瑰，埃米尔亲自上场，像对待玛丽皇后一样对待每一位宾客。菜肴美味可口，服务周到，四个侍者，而不是一个，在旁侍候。最后，埃米尔亲自端上点心。

"散席后，有个客人问我：'你对那位主理施了什么法术？我从来没有见过这样殷勤的宴会主理。'

"她没说错。我的确对他施了法术，我的法术就是友善、诚恳的赞赏！"

多年以前，我住在西北部，还是一个喜欢赤脚乱跑的小男孩时，读了一则讲述太阳和风的伊索寓言。一天，太阳和风争论谁更强壮，风说："当然是我。你看下面那个穿着外套的老人，我敢打赌，我可以比你更快叫他脱下外衣。"

于是，太阳躲到云层后面，看着风发展成飓风。但风吹得越厉害，老人把外套裹得越紧。

风吹累了，太阳便从云层后面出来，暖融融地照在老人身上。没过多久，老人便开始擦汗，然后脱下外套。然后，太阳告诉风，温和、友善永远比激烈与狂暴更有力量。

我读到这则寓言时，在我不知道其存在的历史文化名城波士顿，有位叫 B 先生的外科医生明白这个道理。三十多年以后，B 先生成了我班上的学生，以下是 B 医生在班上发表的演讲：

当时，波士顿的报纸上铺天盖地都是虚假医疗广告——那帮人自称能诊病治病，其实只不过是用"丧失男子气概"和其他人体缺陷唬人的堕胎者和江湖医生。他们的治疗方法就是恫吓，一点实效都没有。堕胎者造成许多孕妇死亡，但他们中很少有人因此获罪。大多数人缴上一小笔罚款或通过政治影响就能安全脱身。

情况越来越糟，波士顿的有识之士纷纷谴责这一状况。牧师们拍着讲道台，谴责刊登这些广告的报纸，希望全能的神阻止这种事情。市民团体、商人、妇女俱乐部、教堂、青年社团群起而攻之，但是收效甚微。立法机构希望将刊登这些害人广告定为非法行为，但被强大的政治势力阻挠。

B 先生当时是波士顿基督教奋进会的主席，他的组织尝试过各种禁止虚假医疗广告的办法，但各种办法都以失败告终。与这些坏人作斗争似乎毫无胜算。

一天深夜，B 先生尝试了一种波士顿人以前从没用过的方法。他试图用友善、同情、赞赏来解决这件事情。他试图让报纸的发行人主动放弃刊登这类广告。他写信给《波士顿先驱报》的发行人，表达对这份报纸的敬意。他说他是这份报纸的老读者，报纸上的新闻总是中立客观，没有感情用事，社论也非常棒，很适合家庭阅读。B 先生说，《波士顿先驱报》是新英格兰地区最好的报纸，在全国也数一数二。"但是，"他话锋一转，"我的一个朋友有个年纪很小的女儿。他告诉我，有天晚上，女儿大声给他念报上的一则广告，堕胎医生刊登的一则广告。小女孩读完广告以后，问父亲广告里的一些词汇。女孩问得父亲非常尴尬，这位父亲不知该如何作答。你们的报纸在波士顿的上流家庭广为传阅。这事既然发生在我朋友家里，是不是也有可能发生在其他许多人家里呢？你如果有个年幼的女儿，你愿意让她看到这些广告吗？她如果就广告向你提问，你该如何对她解释呢？

"你们的报纸在各方面都很出色。但因为这种广告，许多父亲不愿意这份报纸被女儿看到。这点让我感到遗憾。我想，其他订阅者也许会和我有同样的想法吧。"

两天后，《波士顿先驱报》给 B 先生写了封信。B 先生把这封信保存了三分之一个世纪。他成为我班上的学员以后，把这封信给我看。我写这个故事时，这封信就在我的手边。信上标注的日期是一九〇四年十月十三日。

致 B 先生
波士顿马斯区

亲爱的先生：

我觉得很有必要对你十一号的来信写封回信。我考虑良久之后觉得，我作为这份报纸的负责人，必须对这些广告进行整改。

从下周一开始，《波士顿先驱报》将尽可能不再刊登所有言辞不当的堕胎和虚假医疗广告。这类广告在不久的将来将被完全清除。一些我们暂时需要继续刊登的广告也会被重新编辑，以减轻其社会危害性。

再次感谢您寄来这封充满善意的来信，这封信对我们的报纸帮助很大。

哈斯科尔
敬上

公元前六百年，里底亚最后一个国王克罗伊斯的奴隶伊索留下了许多传世寓言。二十五个世纪以前通行于古希腊的这些道理，同样适用于今天的波士顿和伯明翰。太阳能比风更快让你脱掉衣裳，善意和友好的称赞比愤怒指责更能让人回心转意。

记住林肯的那句话："一滴蜂蜜比一加仑的苍蝇更能招引苍蝇。"

因此，你如果希望他人想你之所想，别忘了第四条规则：

沟通始于友善。

第五章

苏格拉底的秘密

与人交谈的时候，不要先谈论双方会有不同见解的事情，而要不断强调你们都认可的事情。如果可能，你要一直强调你们努力的方向是相同的，不同点只是在手段，而非最终目的。

让对方一开始就连连称是。如果可能，自始至终都不要让对方提出反对意见。

哈雷·奥弗里斯特教授在《影响人类行为》一书中这样写道："'不'字是难以逾越的障碍。你一旦说了'不'字，自尊心会令你很难改变主意。也许，你往后会发现这个问题值得重新考虑，但你要改变主意，自尊心往哪放啊？你一旦确定了说法，就会一直坚持下去。因此，我们要在开始时就让他人采取肯定态度，这一点非常重要。"

懂得说话技巧的人，一开始就会得到许多"是"的答复。这样，听者就会和你一起往肯定的方向走。这和打台球是一个道理。你把球击向一个方向，球便很难再改变方向，让它往相反的方向走更是不可能。

人有一种心理状态：一个人说"不"时，所表达的并不只是一个词。此时他整个身心都处于抵触状态，并产生一种紧张感，以抗拒他人的观点。反之，他说"是"时，整个身心都处在欢迎和开放的状态，很容易接受他人的意见。因此，让他人说"是"，就很容易让他接受你的意见。

"是"是种很简单的反应，所以被大多数人忽略！人们通常喜欢在刚与人谈话时以反对来寻求被重视的感觉。激进派和保守的同伴开会，肯定会很快惹恼他们。这又有何益？他这样做如果仅仅是为了给找些乐子，那也算了。他如果原本期待得到些什么，那这么做就蠢到家了。

你的学生、顾客、孩子、配偶如果在一场谈话的开始说"不"，那你得用许多智慧，花上天大的耐心才能让他们转变观点。

纽约格林威治储蓄银行的职员詹姆斯·艾伯森用这种说"是"的技巧，挽回了一个客户。

"这个人走进银行，想要开个户，"艾伯森先生说，"我递给他几份表格，他愿意回答表上的一部分问题，但拒绝回答另一些问题。

"我如果没学人际关系课程，一定会告诉他，他如果拒绝提供完整资料，银行很难给他开户。我惭愧地承认，我过去做过这种事很多次。那时，如此的最后通牒会让我感觉非常好。我向他表明，我才是这里的主人，银行的规章制度不容侵犯。但这种态度显然不会让走进银行、给予我们信赖的顾客觉得，自己受到了银行的重视。

　　"那天早上，我决定用一点在课上学到的知识。我决定不去谈银行需要什么，而是顾客需要什么。我决定引导他说'是'。于是我同意他的观点，告诉他，他拒绝填写的那部分信息并不是非填不可。

　　"但是我话锋一转：'假定你遇到意外，你愿不愿意把银行里钱转给遗产法中规定能继承遗产的亲人呢？'

　　"他回答：'是的，那当然。'

　　"'那么，您是不是认为应该把这位亲人的名字告诉我们，以便我们到时可以按您的意思处理，而不致出错或拖延呢？'

　　"'是的。'他再次说。

　　"这位客户的态度缓和下来，他意识到银行索取这些资料并不是为了自己，而是为他的个人利益考虑。他最后不但填写了所有资料，而且开了一个信托账户，指定他的母亲为合法受益人。另外，他还愉快地回答了有关他母亲的所有问题。

　　"我一开始就让他说'是的'，他忘了我们原来提的那些问题，乐意去做我建议他做的那些事情。"

　　"公司一直很想和我辖区里的一个人做生意，"西屋电器的销售代表约瑟夫·艾利森说，"我的前任和他谈了整整十年，可一笔业务都没做成。我接管这个区后，与他谈了三年，还是一无所成。最后，我终于有了收获，卖了一些发动机给他。有了开始，以后就不难了，我确信自己还能和他签更多合同。

　　"三个星期之后，我带着这种想法，兴致勃勃地再次拜访他。

　　"但我的兴奋劲没有保持多久。我到那儿以后，接待我的总工

程师向我宣布了一条惊人的消息：'艾利森先生，我们公司不会再买你们的发动机了。'

"'为什么？'我感到非常惊讶。

"你们的发动机太热了，把手放在上面都嫌烫。"

"我知道争辩无益，因为我碰到这种情况太多次了。我想到了说'是'的策略。

"我问他：'史密斯先生，我完全同意您的意见。发动机如果太热，你完全可以不再买我们的产品。您这里一定有符合国家电力制造商联合会标准的发动机吧？'

"他说是的，我得到了他说的第一个'是'。

"'符合标准的发动机可高出室温华氏七十二度，是不是？'

"他表示同意：'是的。但你们的发动机超过了这个温度。'

我没有和他争辩，只是问他："工厂里的温度是多少？"

"大概在华氏七十五度左右。"

"如果工厂的温度是七十二度，发动机的温度就可以达到华氏一百四十七度，你如果把手放在华氏一百四十七度的热水里，会不会被烫伤呢？"

"会。"他不得不说。

"很好，那你是不是最好不要把手放在发动机上呢？"

"您说的不错。"他坦率地承认道。我们又闲聊了一会儿。之后，他叫来秘书，和我成交了未来几个月大约三万五千美元的生意。

我花了许多年时间，花了很多招待费以后才意识到，争论毫无用处。试图从他人的角度看问题，争取让他人说"是"更有趣，能争取到更多的利润。

希腊大哲学家苏格拉底是个风趣的老顽童。他光脚不穿鞋，四十岁时便已秃顶，可娶了一个十九岁的女子。他对世界贡献巨大，鲜有比肩者。他改变了人们的思维方式，直到今天，他还被尊为世界上最优秀的辩论家之一，他的辩论改变了整个世界。

他为何能取得这么大的成就？他指责过他人的错误吗？当然没有，精明的苏格拉底决不会这样做。他的处世技巧，亦即现在所谓的"苏格拉底法则"，就是让他人说"是"的技巧。他总说他人会同意的话，渐渐引导对方进入他设定的方向。对方只能不停地说"是"，等发觉时，苏格拉底早已得到自己设定的结论。

我们下次打算指出他人的错误时，记住苏格拉底法则，先问一个温和一点，让他人说"是"的问题。

中国有句俗语最能体现东方人的智慧，这句话就是："以柔克刚。"

中国人研究人类本性五千年，总结出这句非常有洞察力的"以柔克刚"。这句话对我们西方人同样很有教益。

因此，让他人想你之所想的第四条规则是：

立即让他人开口说"是"。

第六章

处理抱怨的安全阀

大多数人为了让他人和自己的想法一致，常常说了太多的话。销售员经常犯这种毛病。其实，你不如让对方畅所欲言。他比你了解自己的需求和问题。所以不妨问他问题，让他告诉你一些事情。

你也许不认同对方的意见，但别去打断对方，那样做是很危险的。对方如果有很多话要说，那么不会听你说话。因此，敞开心扉，耐心聆听，鼓励对方完整地表达出自己的观点。

这个办法在工作中有效吗？我们来看看一个无奈听人讲话的人的故事。

几年前，美国最大的汽车公司需要采购一年所需的坐垫布。三家知名厂商都做好样品，样品都通过了汽车公司高管的检验。最后，汽车公司发出通知，给各家厂商的代表最后陈述各自产品的机会。

R先生代表一家厂商来到汽车公司，当时他正患严重的咽炎，嗓子哑得厉害，几乎不能发声。"我参加高管会议时，"R先生面对班上的同学说，"一点话都说不出，而我面对的是需求方的纺织工程师、采购经理、销售经理和总经理，我必须向他们表达些什么。我站起身，努力说话，却只能发出一连串尖锐的声音。

"大家已经围桌而坐，我只好在本子上写了几个字：'诸位，我失声了，我一点话都说不出。'

"'我来替你讲。'汽车公司的总经理说。随后，他拿出我带来的样品，介绍它的优点，引起在座的人的热烈讨论。他们讨论时，我只是微笑和做些手势，一直是总经理在替我说话。

"结果，我得到了这笔总价一百六十万美元、总长五十万码的汽车坐垫合同——这是我有生以来得到的最大一笔合同。

"我如果没有失声，可能就得不到这笔合同了。我以前喜欢在与人说话时占主导地位，这次意外之后，我认为，让他人说话，有时反而会取得更好的效果。"

费城电力公司的约瑟夫·韦伯也有同样的发现。一次，韦伯去宾夕法尼亚的富庶农庄进行农业考察。

"这些人为什么不用电？"韦伯经过一幢整洁的农舍时，问当地的销售代表。

"他们都是些守财奴，你绝不可能卖给他们任何东西。"销售代表回答，"他们很反感电气公司，我已经和他们谈过很多次，目前一点进展都没有。"

这位代表说的是实话，可韦伯打算再试一次。他轻叩一家农户的门。门开了个小缝，年迈的德鲁肯布罗德夫人探出头来。

"他一看到我们驻当地的代表，就把门甩上了，"韦伯先生说，

"我又上前敲门，她再度开门，把她对我们公司的看法说了出来。

"我对她说：'德鲁肯布罗德夫人，很抱歉打扰您。不过我们不是为了推销电而来，我们只想在您这里买些鸡蛋。'"

"她把门开得大些，探头出来，狐疑地看着我们。

"我说：'我看你养的都是多米尼克散养鸡，我想买一打新鲜鸡蛋。'

"她把门又拉开一些，说：'你怎么知道我养的是多米尼克鸡？'她似乎很好奇。

"我说：'我自己也养鸡，可是从没有见过比这更好的多米尼克散养鸡。'

"'你为什么不吃自家的鸡蛋？'她仍然有些怀疑。

"我回答她：'我养的来亨鸡只会下白蛋——你烧菜烧得很好，自然知道做蛋糕时，白蛋不如棕蛋。我妻子很为自己做蛋糕的技术自豪，她做蛋糕用的就是棕色的鸡蛋。'

"然后，德鲁肯布罗德夫人放下戒心，走进门廊，态度温和了许多。我四处张望，看见农场里有一间不错的牛奶棚。

"于是我又说：'德鲁肯布罗德夫人，我敢打赌，你养鸡赚的钱，比你丈夫那座牛奶棚赚的钱多。'

"她听了特别高兴，当然是她赚得多！她高兴地告诉我，只是她那个顽固的丈夫从来不肯承认这个事实。

"她请我们去参观她的鸡房。我参观时，注意到她的几种小发明，'不吝辞令'地给予赞赏。我向她推荐几种鸡饲料，请教几个问题，并交换各自的养鸡经验。

"这时她提到她的几位邻居在鸡房里装了电灯，据说效果很好。

她希望我诚实地告诉她，用电是否真的能取得很好的效果。

"两周以后，在这位夫人的鸡房里，多米尼克鸡在灯光的照耀下欢跳着。我做成了这笔交易，她产出更多的鸡蛋，双方各自获利，皆大欢喜。

"然而，我下面才会说到这个故事的重点：我如果没让这位夫人兴高采烈地谈论她那些鸡，永远不可能让她家用上我们公司的电。"

《纽约信使报》财经版最近登了一则巨幅招聘广告，招聘一位能力、经验俱佳的男士。查尔斯·库比里斯决定应征这个职位，把自己的简历寄到指定的邮政信箱。几天之后，用人单位来信让他去面试。他前去面试之前，先来到华尔街，花了好几个小时了解公司创立者的创业史。他在面试时说："能和您这样经历丰富的人创办的企业产生联系，我备感荣幸。听说您二十八年前是靠一间办公室和一位速记员开始创业的，这是真的吗？"

每个成功人士都会对自己的早期奋斗史津津乐道，这个人也不例外。他花了很长时间，介绍自己是如何用四百五十美元和一个念头起家的。接着，他又描述自己如何战胜失败和嘲讽，如何在假期和周末工作十二到十六小时，最终赢得成功。他还说，华尔街的一些大人物现在也纷纷向他咨询。他对自己的人生经历非常自豪，久久地沉浸在回忆中，无法自拔。最后，他简短地询问了库比里斯先生的经历，接着便叫来一位副经理，说："这就是我们要找的那个人。"

库比里斯先生花大量时间了解潜在雇主的以往成就，对潜在雇主显示出浓厚的兴趣，在面试中鼓励雇主尽量多谈他自己，取得了良好的效果。

其实，我们最好的朋友，也更乐意谈论自己的成就，而不是听你炫耀你自己。

法国哲学家罗西考曾经说过："你如果想树敌，就胜过你的朋友；你如果想得到朋友，就让你的朋友胜过你。"

为什么呢？因为朋友胜过我们，会得到一种受到重视的感觉；但我们胜过他们时，他们会产生自卑感，而自卑会导致猜疑与嫉妒。

德国有句俗语："一直幸运的人总算倒了霉，这真让人快乐。"也就是说："你羡慕的人遭遇不幸，会让你得到一种纯粹的快乐。"也可换种说法："单纯的快乐来自于他人的苦难。"

是的，我们的一些朋友宁愿看到我们患难，不愿看到我们取得一项项成就。

综上所述，夸大自己的成就是要不得的，尽量谦逊一点才会讨人喜欢。欧文·科布就深知这个道理。有个律师曾经对证人席上的科布说："科布先生，据我所知，你是美国最著名的律师，我没说错吧？"

"您过奖了，我可能只是比他人幸运一点。"科布回答。

做人应当谦逊，因为你我都没有什么了不起的。每个人都会死去，百年以后都会被人遗忘。生命太过短促，我们取得的一点点成就没什么可在人前夸耀的，还是多让他人谈谈他们自己吧。仔细想来，你个人也没多少好夸耀的。知道你为什么不是个白痴吗？很简单，只是因为你的甲状腺里比白痴的甲状腺里多了点碘元素。切开你脖子上的甲状腺，从里面提取出碘元素，那你也就成了白痴。你和白痴的区别只是街角药店能买到的五美分的碘元素。五美分绝对没有什么可夸耀的，难道不是吗？

因此，我们如果想让他人想我们之所想，第六条规则是：

让他人多说话。

第七章

如何取得合作

你对自己想到的点子是不是比他人灌输的主意更有信心呢？如果是这样，引导他人说出你的想法应该不赖吧。我们何不提出建议，让他人自己得出你想要的结论呢？

有这样一个故事：我们班上来自费城的阿道夫·赛尔兹先生突然发现自己面临提升萎靡不振的销售员士气的问题。他召开一次销售员会议，让他们告诉他，他们希望从他身上得到什么。他把员工提出的意见都写在黑板上。然后他说："我会尽量满足大家的愿望，可是请你们告诉我，你们会以什么东西回报我呢？"他很快有了满意的答案，那就是忠心、诚实、乐观、进取、合作和每天八小时的热忱工作。有人甚至愿意每天工作十四个小时。结果，这次会议给公司带来了新气象。赛尔兹告诉我，公司的销售额有了大幅增长。

"这些人跟我做了一次道德上的交易，"赛尔兹先生说，"我只要实践诺言，他们也会实践诺言。让他们有机会说出内心愿望，如同给他们打了一剂强心针。"

没人喜欢接受推销，或被人强迫去做某件事。我们喜欢随自己的心意购买物品，照自己的意志行事。我们希望他人了解我们的愿望、需求和意见。

我们再来看看欧亨尼娅·沃森的事例。他在领会这个道理之前，损失了很多设计费。沃森先生专门将新设计的服装图样卖给设计师和生产商。三年来，他每星期或每隔一个星期就去拜会一个知名设计师。"他从来没拒绝见我，"沃森先生说，"但从来没买过我手里的草图。他每次总会认真细致地察看我带去的图样，然后对我说：'很抱歉，我们这次又做不成生意了。'"

沃森先生经过一百五十次的失败以后，意识到不能墨守成规，于是每周花一个晚上到我这里学习影响他人的技巧，希望自己能形成新的理念，找到新的突破口。

他学习了一段时间以后，采用一种新的处理方式。沃森先生拿了尚未完成的图样，走进那位买主的办公室，对买主说："我想请你帮我一点忙……这里有几张尚未设计完成的图样，请你告诉我，我该怎样完成图样，才能满足你的需要？"

买主一言不发地将图样看了一遍，然后说："你先把图样放在这里，过几天再来找我。"

一天后，沃森去了他那里，听了建议，取回图样，按照买主的意思把草图画完。结果自不必说，买主完全接受这些草图。

这是九个月前的事情。从那以后，这位买主又从沃森那里买走十几幅根据自己意愿绘制的图样——沃森拿到的设计费超过一千六百美元。"我现在才知道自己过去失败的原因，"沃森说，"我以前我总是强迫他买我觉得他需要的草图。现在，我让他提出意见，使他觉得那些图样是他自己设计的。我现在不用去求，他也会主动找我买图。"

西奥多·罗斯福担任纽约市长时，完成了一项惊人的壮举。他和当地政要维持良好的关系，成功进行了这些人曾经激烈反对的政治变革。

我下面简要描述罗斯福成功的过程。

一个重要职位出现空缺时，他让这些大佬推荐人选。"首先，"罗斯福说，"他们会推荐一个在党内不招人待见的家伙。我会告诉他们，任命这种人不符合政治需要，公众不会予以认可。

"接着他们又会推选另一位党员，这个人虽然没有什么可以指摘的地方，但只是个平庸的老好人。我会告诉他们，任用这样的人，有负公众的期望，所以我请他们再推选出一个更适合这个职位的人。

"第三次推荐的人还不错，但还不甚理想。

"我对他们表示感谢，让他们再试着推荐一个人。他们第四次推荐的正是我需要的人。我表示感激，任用了这个人——并把功劳归在这些政客头上……接着我会告诉他们，我已经做了让他们高兴的事情，他们也应该给我些方便。"

他们确实给罗斯福提供了便利。在他们的支持下，罗斯福主导的公务员法案和特别税法都得到通过。

罗斯福不遗余力地就用人人选咨询政要，并对他们的建议表达尊敬。任命下达以后，政要们觉得人是自己选的，罗斯福只不过是采纳了他们的建议。

长岛的一位汽车经销商运用相同的技巧，把车卖给一对苏格兰夫妇。这位经销商带着苏格兰人看了好几次车，但苏格兰人一直没有买车。他总对这地方不合意，觉得那地方功能不好，或是认为价格太高了，诸如此类。苏格兰后来又看了几款车，都说价格太高了。这位销售员在这个难关面前，只好找老师和同学求助。

我们建议他摈弃"我买你卖"的方式。我们告诉他，与其指点顾客该怎样做，不如让他告诉你怎样去做。让顾客觉得自己是拿主意的人是种好方法。

这位经销商觉得这种方式听起来很不错。几天以后，有个顾客打电话给他，想用旧车换辆新车。经销商觉得这款换下来的车正适合那位苏格兰人。于是他拿起电话，询问那位苏格兰客户能否来帮忙出出主意。

苏格兰人来了以后，汽车经销商对他说："你是个精明的买家，懂得汽车的价值。能否请你帮我试开一下这辆车，看看我应该以什么价格回收它？"

苏格兰人露出非常灿烂的笑容。他的意见终于被人听取，鉴定车的能力受到认可。他把这辆车从女王大道开到森林山庄，然后又开回来。"你如果能以三百美元买下它，"他说，"那你就稳赚不赔了。"

"我如果以三百美元拿下这辆车，你愿不愿意要呢？"经销商问他。这个价钱吗？当然不在话下。三百美元是出自他本人的估价。这桩交易很快就达成了。

一家 X 光厂商运用同样的心理战术，把设备卖给了布鲁克林的一家大医院。这家医院正在建造一个分部，想在这个分部使用美国最好的 X 光设备。美国多家医用设备公司的销售员听到这个消息，纷至沓来，主管 X 光部门的 L 医生不胜其扰。

最终成功的那家厂商的销售员非常讲究策略，他比其他厂商的销售员更懂得与人打交道的技巧。他给 L 医生写了一封信：

我们公司最近制造了一种 X 光设备，第一批已经运到公司的办公室。这套设备尚未尽善尽美，为了进一步改良设备，我们非常诚恳地邀请您拨冗前来指教。我们知道您非常忙，您可以在方便时联系我们，我们会派车去接您。

"这封信使我非常惊讶。" L 医生在班上的同学面前说。他虽然吃惊，但感到非常受用。"以前从来没有人咨询过我的建议。我觉得自己受到了重视。我那个星期非常忙，但还是设法取消一次晚宴，去看了他们的设备。我看了以后发现，这套 X 光机正是我想要的。

"没人向我推销这套设备。在我看来，买下这套设备是我自己的主意。我被这套 X 光机的卓越品质打动，主动买下它。"

伍德罗·威尔逊掌印白宫期间，豪斯上校在内政和外交上对他有很大影响。威尔逊总统非常信赖豪斯上校，跟他商量所有重要事情。

豪斯上校通过什么方法影响了威尔逊总统呢？豪斯向阿瑟·豪登·史密斯透露了秘密。史密斯在《星期六晚邮报》上撰写文章，介绍了豪斯的技巧。

"我认识总统以后，渐渐发现，让他接受某种想法的最好办法，就是不经意地将这种想法灌输到他的心里，使他感兴趣，并且促使他自己去思索这个想法。我是在不经意中发现这个法子的。一次，我去白宫拜访他，劝他采取一项政策，但他似乎并不十分赞同。数天后，在一次聚会上，我惊讶地发现总统把我的想法当成自己的意见提了出来。"

豪斯上校是否打断总统的话，说明自己的想法被冒领了呢？没有，豪斯上校绝不会那样做，他并不想居功，只求结果。他让总统觉得那是总统本人的意见，公开赞叹总统的睿智。

我们明天要接触的也许就是伍德罗·威尔逊这类人。既然这样，我们尽可以采用豪斯上校的方法。

几年前，一个加拿大人把这种方法用在我的身上，取得非常好的效果。那时，我计划去新布朗斯维克钓鱼、划船，便写信给旅行社，打听那里的情况。我的姓名和住址显然被公开了，因为我很快就收到很多野营地和向导的来信和宣传单。我一时不知道该选择哪家。这时，有位聪明的野营地负责人寄给我一封信，在信里附上接受过那里服务的纽约游客的姓名和电话。他让我自己打电话给这些人，调查野营地的服务情况。

我惊讶地发现其中有我认识的人，便打电话给这个人。我了解那里的情况之后，马上发电报给这个野营地，告诉他们我的抵达日期。

很多人向我出售旅行产品，只有一个人让我自己拿主意，最后做成这笔生意的就是这个人。

因此，你如果希望自己的想法能影响他人，第七条规则是：

让他人觉得那是他自己的主意。

两千五百年前，中国的圣人老子曾说："江海之所以能为百谷王者，以其善下之，故能为百谷王。是以圣人欲上民，必以言下之；欲先民，必以身后之。是以圣人处上而民不重，处前而民不害，故天下乐推而不厌。非以其不争耶？故天下莫能与之争。"

第八章

一个能为你创造奇迹的准则

你在生活中有时会碰到这种情形：他人或许完全错了，但不承认。别去指责他，只有蠢人才会这样做。试着理解他，聪明、宽容、大度的人能做到理解他人。

他人的行动和想法自然有其原因。你探寻出隐藏的原因，就掌握了鉴察他人行为和思想的钥匙，甚至还能了解他人的人格。

你站在他人的角度，就掌握了这把钥匙。

你假如对自己说："我如果处在他的角度，会有什么样的感觉和反应呢？"可以省去许多时间和烦恼。因为很简单，理解了原因，也就理解了结果。另外，你也获得了处理人际关系的技巧。

肯尼斯·古德在《怎样让他人变成黄金》一书中写道："停下一分钟，把你对自己之事的关心程度，和对他人的淡漠做个比较，你就会意识到，世界上的其他人大抵也是如此。然后，你就能和林肯、罗斯福一样，拥有了做任何事的稳固基础。也就是说，你和他人相处得是否成功，很大程度上取决于你对他人观点的了解。"

多年来，我总是到离家不远的公园中散步，骑车。我和古代高卢的祭司一样，很喜欢公园里的橡树。我每次看见公园里被人为烧掉的小橡树，就感到很痛心。这些火不是吸烟者引发的，而是到园中野炊的孩子们点的。火势有时很大，必须叫来消防队员。

公园边上有一块公告牌，牌子上面写着：凡引火者将被罚款及拘禁。但公告牌立在公园较偏的地方，很少有小孩会看见它。有位骑马的警察负责这个公园，但他不太尽职。有一次，我急匆匆跑去告诉他，火势正在园中蔓延，叫他通知消防队，但他冷淡地说，起火点不在他的管辖区内！从那以后，我每次在公园里骑车，就担当起保护这个公园的义务。最初，我没有试图从孩子的角度看待这件事情。我每次看见起火，都非常不快，总是上前警告他们，阻止他们，命令他们将火扑灭。他们如果拒绝，我就恐吓说要把他们交给警察。我只是在发泄自己的感情，丝毫没有考虑他们的感受。

结果，孩子带着反抗的情绪遵从我的命令。可我一走开，他们又开始生火，恨不得把整个公园都烧掉。

多年过去了，我掌握了更多人际关系方面的知识，掌握了更多策略，学会了尝试从他人的角度看问题。我不再对他们下指令，而是站在燃烧的火堆前，对他们说：

孩子们，玩得高兴不？你们准备烧些什么当晚饭？我在你们这么大时，也很喜欢烧火——当然，现在也很喜欢。但你们要知道，在公园里生火是很危险的。我知道你们不打算造成任何伤害，但别的孩子可不会这么小心。他们看到你们烧了火，也会有样学样。他们很可能没把火熄灭就回家了，那样很可能会造成森林大火。如果不小心，火可能会烧了整片森林，你们也可能因此入狱。我不想令你们不快乐，希望你们玩得尽兴。但你们如果想玩得尽兴，不妨把树叶耙得离火堆远点，离开前用很多沙土把火堆盖住。你们下次想生火玩时，可以到山那边的沙滩上生火，在那里生火不会造成任何危险……多谢了，孩子们，祝你们快乐！

效果与先前区别很大！孩子们会乐于听你的话。不会怨恨，更不会反感。他们不必违心遵令，还保全了脸面。他们感觉好，我也感觉好，这只是因为我在处理问题时顾及到他们的想法。

你以后请求他人把火灭掉，或让他捐钱给红十字会时，为何不先缓缓神，闭上眼睛，试试从他人的角度来思考这件事呢？你可以问问自己："他为何想这么做？"没错，这样既麻烦又费时。但你这样做能交上朋友，减少摩擦和不愉快。

哈佛大学商学院院长曾说："我希望与人会谈前，在他办公室外面的走廊上来回走两小时，把我要说的和他要答的想得更清楚些。我不会贸然闯进他的办公室。"

我再把这段话写一遍：

我希望与人会谈前，在他办公室外面的走廊上来回走两小时，把我要说的和他要答的想得更清楚些。我不会贸然闯进他的办公室。

你读了这本书以后，如果只学到一点——按照他人的观点去想，从他人的角度看问题——事业也会有极大改善。

因此，你如果想改变他人，同时不致冒犯他人，惹他人生气，第八条规则是：

尽量真诚地从他人的角度看问题。

第九章

每个人都想要什么？

有这么一句奇妙的话，它可以阻止人们辩论，消除他人产生的恶感，让你给他人留下好印象，还能使他人注意聆听你说的话。

这句话就是："我一点也不奇怪你有这种感觉。我如果是你，会产生同样的感觉。"

世界上最狡猾最刁钻的人听到这句话都会软化态度。你可以完全真诚地说出这句话，因为你假如是对方，真的会产生同他一样的感觉。我们以芝加哥走私团伙头目艾尔·卡彭为例。你如果拥有他的身体、个性、思想，以及他的经历和生活环境，会待在他的地方，成为他那种人。这些因素集合在一起，造就了众所周知的艾尔·卡彭。

同样，你不是响尾蛇，是因为你的父母不是响尾蛇。你不跟牛接吻，不认蛇为神明，唯一的原因是，你没有出生在印度布拉马普特拉河畔。

你成为现在这样的人，并不完全是因为你自己。同理，出现在你面前的烦躁、固执、蛮不讲理的人，之所以会变成那样，也并不全是他们的错。要惋惜他们，同情他们，原谅他们。你要牢记致力于戒酒运动的演说家约翰·高夫看见街上跟跟跄跄的醉汉时，对自己说的话："感谢上帝的恩惠，不然我会走上他这条路。"

在你所遇到的人中，四分之三的人都渴望同情。同情他们吧，你会得到他们的爱。

有一次，我在电台做节目时提到《小妇人》的作者路易莎·梅尔·阿尔科特女士。我知道她生长在马萨诸塞州的康科德，写下许多不朽的名作。但我一不留神，说自己曾到新罕布什尔州的康科德拜访过她的故居。我假如只说一次新罕布什尔州，也许还可以原谅，可我接连说了两次。随后我收到许多信件和电报，质问和苛责像蜜蜂似的围绕着我。有个出生在马萨诸塞州康科德、现在居住在费城的老太太写信狂骂我一通，好像我把路易莎女士形容成了新几内亚的食人族。我看到那封信时，对自己说："感谢上帝，我幸亏没娶这样的女人。"我打算写封信告诉她，我虽然在地理上犯了错，可她在礼节上的错误比我的错还过分。我还想撩起衣袖告诉她，我对她的印象多么恶劣。可我并没有那样做，而是尽量克制自己。我知道，只有头脑发热的蠢人才会那样做。

我不想和蠢人一般见识，决定把老太太的仇视化为友善。这是我对自己的挑战。我对自己说："我如果是她，可能会有同样的感觉。"因此，我决定对她表示同情，从她的角度看待问题。我后来去费城时，打了个电话给她。我们当时在电话上的对话大约如下：

我：某某夫人，几个星期前，您写了封信给我，我十分感谢。

老太太：很抱歉，请问您是哪位？（声音柔和文雅）

我：我是一个你不认识的陌生人，我叫戴尔·卡内基。几个星期前的一个星期日，你收听到我在电台做的有关《小妇人》作者的节目。我在节目里犯了个不可原谅的错误，说她出生在新罕布什尔州的康科德。这是个很愚蠢的错误，我为此感到抱歉。感谢您花时间指出我的错误。

老太太：卡内基先生，我在信中太粗鲁，请您千万海涵。

我：不，不，您不该道歉，该道歉的是我。小学生也不会犯下我犯的那种错误。我在下个周日的电台节目中已经向听众道歉，我想通过电话单独对您道歉。

老太太：我出生在马萨诸塞州康科德。二百年来，我们家族在那里一直很有声望，我以我的家乡为荣。你说阿尔科特女士是新罕布什尔人，让我很难过。但我对给你写那封信感到非常惭愧。

我：老实跟你说，你的难过不及我的十分之一。这个过错对马萨诸塞州名声伤害不大，但着实伤害了我的名声。你这样有身份有地位的人，应该很少给电台播音员写信。你以后如果再发现我的节目有错，希望你再来信纠正。

老太太：我很喜欢你接受批评的态度。我相信你是个好人，我很愿意认识你，接近你。

我通过道歉和了解她的观点，得到了她的道歉和理解。我对自己能控制住激动脾气感到很满意。我以友善回应对方给予我的侮辱，获得了恶意相向不可能获得的快乐！

入主白宫的人，差不多每天都要处理令人烦闷的人际关系问题，塔夫脱总统也不例外。他深刻体会到尊重他人意愿对消除反感的极大价值。塔夫脱总统在《服务伦理》一书中，举了个有趣的例子，叙述了消除一个气势汹汹的母亲的怒气的经过。

华盛顿有位妇人，她的丈夫在政界颇有影响。她纠缠了我六个多星期，要求我给她儿子安排一个职位。她最后带着几个参议员和众议员来找我。但她希望为儿子谋到的那个职位技术性很高，我已经任命这个部门的部长推荐的一个人。不久，我收到这位母亲的信，她在信中说我忘恩负义，不让她成为快乐的母亲。她还说，她和那些议员曾使我的一项议案得以顺利通过，而我以怨报德，拒绝帮她的忙。

你收到这样一封信，也许首先想到的是如何严责这个对你不恭的人，甚至可能有些气愤，也许会马上回信。但你如果明智点，可以把回信放进抽屉，锁起来，过两天再拿出来——晚两天回信并不算晚。两天以后，你就不会把信寄出去了。我正是这样做的。过了些日子，我给她另写了一封很客气的信，告诉她我明白每位母亲在这种情形下都会感到失望，但那个职位由不得我们个人的好恶，需要一个有技术资格的人，因此只能用部长提出的人选。我表示希望她儿子在现在的职位上做出了她期待的成就。那封信平息了她的怒火，她对自己此前写出那样的信表示道歉。

我做出的委任命还没有生效。过了段时间，我又收到一封自称是她丈夫写的信，但两封信的笔迹其实是一样的。那封信说，他夫人因为这件事受到严重打击，得了神经衰弱，而且还被查出患有胃癌。这位丈夫问我能否重新考虑任命他们的儿子，让她的病好起来。我只得又回了封信，这次是写给她丈夫的。我在回信中说，希望她是被医生误诊了，对她的病情表示同情，但表示没法收回任命，我指定的人很快就会走马上任。过了两天，我在白宫举办音乐会，首先向我致意的居然是他们夫妇，谁会想到那位夫人几天前还"不久于人世"呢！

胡洛克先生可以说是美国首屈一指的音乐经理人。二十年来，他与世界许多著名艺术家打过交道——比如查理亚宾、伊莎多拉·邓肯和帕夫洛娃。胡洛克先生告诉我，他在与那些性情无常的艺术家打交道时，学到的第一条经验就是理解，理解他们可笑而古怪的脾气。

他曾经为查理亚宾做过三年的音乐会经纪人——查理亚宾是一位能感动首都大剧院高贵听众的伟大低音歌唱家，但他行事像一个被宠坏了的孩子。用胡洛克的话说："这个人在音乐之外的所有方面都糟糕得很。"

比如，他会在演唱会当天中午打电话给胡洛克："我觉得很不舒服，我的嗓子破了，我今晚不能唱了。"胡洛克先生与他争辩了吗？他知道艺术家经理人不能那样做，他会到查理亚宾的旅馆，对他表示慰问："我的朋友，真是太不幸了，你当然不能唱了。我立即取消演出。你会损失两三千块，但与你的名誉相比，这算不了什么。"

查理亚宾会叹口气，说："你最好下午再来，五点钟吧，我看看我那时感觉如何。"

五点多钟，胡洛克先生带着理解再次去旅馆。他坚持取消演出，查理亚宾却叹息道："你再晚一点来看我，我那时或许会好一点。"

七点半，伟大的低音歌唱家答应唱，但有一个条件，他要胡洛克先生先到台上报告，他患了重感冒，嗓子也许不会太好。胡洛克先生谎称他会这样做。他知道这是能使这位歌唱家上台的唯一办法。

正如阿瑟·盖茨博士在《教育心理学》中所说："人类普遍地寻求理解。小孩子总是迫不及待地让他人看他的伤口，甚至故意割伤或将伤口弄大，就是想获得更多的理解。成人也常常会展示伤痕，倾诉病痛。他们常常为真实的或想象的不幸而自怜。这差不多是人类一种共性。"

因此，让他人想你之所想的第九条规则是：

体谅他人的想法和愿望。

第十章

激发他人高尚的追求

　　我的家乡和大盗杰西·詹姆斯的居住地毗邻。我去过他在密苏里州基尔尼的农场，他的儿子小詹姆斯至今仍住在那里。

　　小詹姆斯的夫人说，公公当年抢银行和火车，然后把抢来的钱送给贫穷的邻居，让他们赎回抵押出去的田地。

　　杰西·詹姆斯可能自以为是劫富济贫的理想主义者——就像二十年后的"双枪"克劳利及阿尔·卡彭。事实上，你见过的所有人——包括你照镜子时看到的那个人——都认为自己很高尚，是个善良而无私的人。

　　根据银行家 J.P. 摩根的观察，人们做事无外乎出于两种原因：一种原因听起来很高尚，另一种是真正的原因。

　　人们都知道自己做一件事真正的动机，不需要你指出这种动机。但每个人在内心都觉得自己很高尚，需要为自己做事找个高尚的理由。因此，我们如果想让某个人做一件事，就该为他找出做这件事的高尚的理由。

　　做到这一点很难吗？我们来看个例子。汉密尔顿·法雷尔先生是宾州一家房产公司的合伙人。他有个挑剔的房客，这个房客说房子条件不好，扬言要搬家。他的租约还有四个月到期，但他不准备付这最后四个月每月五十五美元的房租。

"他们整个冬天都住在那儿，冬天是一年当中维护成本最高的季节，"法雷尔对班上的学员说，"到秋天之前，很难再将房屋租出去。我认为这二百二十美元的收入要飞走了——相信我，我真的这样认为。

"如果是在以前，我会把这个租客痛骂一顿，拿着租约质问他。然后我会向他指出，他要走可以，但得把余下的房租一次交完——我完全可以按照租约，要求他这样做。

"但我并没有这么做，而是采取了另外一种策略。我对他说：'某某先生，我知道您要搬家，但我觉得你并不打算真的这样做。多年的租房经验使我多少了解了一些人性，我相信你一定不会出尔反尔。我相信你一定会遵守租约的。'

"'我建议你再住几天，考虑要不要搬走。这个月的房租到期后，你如果还是坚持搬走，我会尊重你的决定，准许你搬出去，我会承认自己的判断错了。我相信你是个遵守诺言的人。毕竟，我们是人而不是猴子——做决定的是我们自己。'

"到了下一个月，这位房客亲自来找我，向我付了房租。他和夫人谈过了，决定住下来。他们两人都认为，他们至少应该住到合约期满。"

英国出版大亨诺斯克利夫爵士最近发现，有份报纸刊登了他不想公开的一张照片。他给报纸的编辑写了封信。他在信里并没有直截了当地告诉编辑，别再刊登那张照片，而是提出一件编辑做了会觉得自己高尚的事。他想到了我们所有人对母亲的爱和敬意。他在信中写道："请别再刊登那张照片了，我妈妈不喜欢这样。"

小洛克菲勒也深谙此中诀窍。他不希望摄影记者拍摄他儿女的照片。他在给记者的信中也提到了高尚的理由。他没有让他们别用他儿女们的照片，他想到了所有人都不愿伤害孩子这种愿望。他对记者说道："你们也是有孩子的人，一定理解我的感受。你们一定知道，让孩子太出风头，对孩子没什么好处。"

来自缅因州的穷小子塞鲁斯·柯蒂斯开始办后来让他成为百万富翁的《星期六晚邮报》和《女士杂志》时，没有财力付出其他杂志付的那样高的稿酬。他没有财力雇佣只看重金钱的一流写手，只能借助高尚的动机。比如说，他劝说撰写《小妇人》的作者路易莎·梅尔·阿尔科特写一篇她看待名利的文章。他答应开张一百美元的支票，这张支票不是给阿尔科特的，而是给她支持的慈善事业。

当然，有些人会怀疑说："对诺斯克利夫爵士或小洛克菲勒这样的人物来说，这种方式可能管用。但这种方式在那些粗野的赖账者身上，肯定毫无效果吧。"

这话也许对，没有一个放之四海而皆准的法则，任何事情都有例外。你如果已经有比较适用的好办法，不需要再试。你如果没有，试一试又有何妨？

我想你们一定会对我的学生詹姆斯·托马斯的这个故事感

兴趣。

托马斯所在汽车公司的六位顾客在汽车维修工作结束后拒绝付款。他们说有些项目收费不合理。但这六位顾客都已经在维修单上签了字，所以公司认为自己没什么不对，也是这么对顾客说的。这是汽车公司犯下的第一个错误。

以下是汽车公司信用部门的催款步骤。你们觉得他们这样能催到款吗？

一、拜访这六位顾客，说明此行是收款。

二、坚持公司没错，也就是说，顾客绝对是错的。

三、宣称公司比顾客更了解汽车，所以没有什么可商讨的。

四、结果：他们每到一处都与顾客发生激烈争吵。

这几个步骤能说服顾客，把争执顺顺利利解决吗？当然不会。

事情发展到这个地步，信用部门经理脸面挂不住，准备亲自再去和这些顾客好好理论理论。好在这件事引起公司总经理的注意，他发现这六位顾客一向信誉很好，一定有什么地方出了问题。这位总经理叫托马斯去催讨欠款。托马斯先生是这样做的：

"一、我拜访每个顾客，"托马斯先生说，"我看上去是去催款——我们相信那些账单绝对没有错。但我并没有提到钱，而是告诉他们，我来调查公司做过什么，或做错了什么。

"二、我向他们表明，我在听取他们的意见之前，不会发表任何意见。我还告诉他们，公司并没有说本方绝对没有犯错。

"三、我对他们的车表现出很大的兴趣，但认为世界上最了解那辆车的无疑正是车主本人。他们是这个问题上的绝对权威。

"四、我让顾客说话，带着关注和理解倾听——这正是对方期待的。

"五、顾客恢复冷静后，我便以公平的态度做出表态。'首先，我想让您知道，我也觉得这件事处理不当，打扰了您，让您生气，给您的生活带来不便，这是我们的失误，我向您深表歉意。我听了您的叙述，感到您是一个正直而有耐心的人。因此，我想请您帮我个忙。您比其他所有人都更适合做这件事，因为您对事情的原委最清楚。我想请您修改账单金额，我想您如果是我们公司的负责人，也会请客户这样做。我们接受您提供的新数字。'

"顾客们核实账单了吗？当然，他们乐意这样做。有人修改账单金额吗？有一位客户这样做了，他拒绝为不明的款项付一分钱。其他五位客户付了全款，金额从一百五十到四百美元不等。奇妙之处在于，在接下来的两年里，我们又向这六位顾客卖出去六辆车。

"经验告诉我，如果没有迹象表明顾客有问题，最好相信他们是诚实、正直、光明磊落的。一般而言，顾客愿意履行义务，即便有意外，也是极少数。我相信，面对有欺骗倾向的顾客，你如果愿意相信他们诚实而正直，他们也会做出积极的回应。"

因此，你如果希望他人想你之所想，大体上遵从这第十条规则，对你是有益的：

激发他人高尚的追求。

第十一章

电影这么做。广播也这么做。你为什么不这么做？

几年前，《费城晚报》受到恶意攻击，有人对晚报的广告客户说，这份报纸刊载的广告太多，新闻太少，已经不再能吸引读者。这一问题必须得到处理，必须立刻破除谣言。

但如何做到这一点呢？

下面是报社的应对之法。

报社将报纸随便某天刊载的阅读材料摘下来，分类整理成一册书出版，书名为《一日》，共三百零七页，和一本两美元的书一样厚，但晚报以两美分，而不是两美元的价格发行该书。

《费城晚报》发行该书，是为了向公众表明本报刊载了大量有趣的内容。这本书比一大堆详尽的数据及空谈更有趣，更深刻，也更有说服力。

你们可以看看肯尼斯·古德和齐恩·考夫曼著《生意里的表演艺术》这本书。这本书详细描绘了做生意的艺术。书中叙述了伊莱克斯的销售员如何把点着的火柴放在潜在顾客的耳朵边，以夸大冰箱的静音效果……人格牌帽子如何借安·萨森的签名,进入希尔斯连锁超市……乔治·惠伦鲍姆如何解释橱窗展示对顾客流量的影响……佩西·惠丁如何通过向客户展示两列债券列表出售理财产品——五年前,这两列列表上的债券都能卖一千美元。他问客户想买哪一列的债券。快决定! 现在,有一列涨了(当然是他卖的那一列)。必须调动潜在客户的好奇心…米老鼠是如何进入百科全书,又是如何使一家濒临倒闭的公司起死回生……东部航空公司如何把人行道边的玻璃制作成道格拉斯客机上的控制面板……哈里·亚历山大如何用假想中的拳击比赛振奋销售人员的士气……如何让聚光灯聚焦在你的产品上,产生双倍的销售额……克莱斯勒如何让大象站在汽车上,以表明汽车的牢固性。

纽约大学的理查德·博登和阿尔文·布塞分析一千五百个销售案例,写出《如何赢得辩论》一书,然后把书中总结出的原则放进一篇题为"销售六原则"的演讲里。之后他们又拍了部电影,用表演的形式把这些原则展示给几百家大公司的销售人员看。他们不只解释这些原则,还把它们化为影像。他们在观众面前激烈争论,表演销售的正确与错误方法。

这是一个充满戏剧性的时代,只靠语言的描述是不够的,必须用更生动、更有趣、更戏剧化的手法表现事实。必须恰当地运用表演的艺术。电影是这样做的,电视也是,你如果想吸引他人的注意力,必须也这样做。

布置橱窗的人深知戏剧产生的惊人力量。比如说,有家鼠药制造商布置了一个橱窗,橱窗里面放了两只活老鼠,以证实鼠药的效果。表演活鼠被毒死的那一周，这种鼠药的销售额是平时的五倍。

《美国周刊》的詹姆斯·博伊顿先生要讲解一份长篇市场报告。他的公司刚刚为一家冷霜领导品牌完成详尽的市场研究。这家冷霜品牌的老板急着看有关二流品牌对其冲击的数据，这个老板是广告业界最大的也最难对付的客户之一。

但詹姆斯·博伊顿先生的第一次讲解失败了。

"我第一次去和这个老板交流时，"博伊顿先生说，"发现自己陷入了关于调查方法的争论之中。我们争论不休。他说我错了，我试图证明自己没错。

"最后我胜利了，我非常满意——但这时时间也到了，见面结束。我根本没提到调查结果的关键部分。

"我第二次去时，不再拘泥于数字和表格。我直接在这位老板面前戏剧性地展示了报告的结果。

"我走进他的办公室时，他正忙着打电话。他结束通话以后，我把三十二罐润肤霜放在他的桌子上——这些润肤霜都是他熟悉的竞争对手的产品。

"每个罐子上都贴有一个标签，上面写着调查结果。每个标签背后都有一个充满戏剧性的故事。"

"后来怎么样了？"

"没有辩论。老板拿出完全不同的态度。他接连拿起这些罐子，阅读上面的标签，然后和我开始友好的谈话。他对这些标签非常感兴趣，问了我一些关于标签的问题。他开始只打算给我十分钟时间，但十分钟过去了，二十分钟过去了，四十分钟过去了，一小时快过去了，我们依然在交谈。"

"我这次陈述的事实和上次完全一样，但我这次加入了戏剧化的成分。而这位老板两次态度大不相同。"

因此，让他人想你之所想的第十一条规则是：

戏剧化地表达你的想法。

第十二章

如果其他东西都无效，
试试这个

　　斯瓦布有位车间经理很能干，但他的工人总是无法完成工作指标。

　　"怎么回事？"斯瓦布问他，"你这么能干，为什么总是不能让工人完成指标呢？"

　　"我不知道，我强迫他们，利诱他们，责骂他们，也恐吓过他们，但这些手段全都无济于事，他们就是不好好干。"厂长说。

　　这时正好是太阳落山时，夜班工人快要到了。

　　"给我一支粉笔，"斯瓦布管身边的一位工人要了支粉笔，接着问，"你们在日班完成了几炉？"

　　"六炉。"

　　斯瓦布在地上写了一个大大的"六"，然后一言不发地出去了。

　　夜班工人来了以后，看见"六"字，就问日班工人这个数字是什么意思。日班工人说："老板问我们做了几炉，我们告诉他六个，他就把数字六写了下来。"

第二天早晨，斯瓦布走进工厂，夜班工人已将"六"字抹去，写上一个大大的"七"字。

当天早上，日班工人看见那个字，以为夜班工人做得比他们好，于是加紧工作，在下班前很得意地写下"十"字。情形一天天好转。

这个一度生产落后的部门一跃成为全厂效益最高的部门。

斯瓦布运用了什么原理呢？

斯瓦布的自己说法是：竞争产生效率，但这类竞争不是指争权夺利，而是指胜过他人的渴望。

胜过他人的渴望！向对方提出挑战！激发对方产生向上的精神！这确实是个行之有效的激励方法。

没有这样一种"挑战"，西奥多·罗斯福不会进入白宫当上总统。这位勇敢的骑士，刚从古巴回来，便被推举为纽约州州长候选人。反对者发现罗斯福没有纽约州合法的居民身份，这使罗斯福禁不住打起退堂鼓。这时，来自纽约州的上议员托马斯·普拉特用上激励法，大声对罗斯福说："难道圣胡安山的英雄竟是这样的一个弱者吗？"

罗斯福接受挑战，写就了今日的历史。这个挑战不仅改变了他的人生，也改变了美国的历史进程。

查尔斯·斯瓦布和托马斯·普拉特知道挑战的巨大力量。阿尔·史密斯也知道。

史密斯担任纽约州州长时，就遇到过这样一个问题。坐落在恶魔岛西部的新新监狱需要个典狱长。这个监狱黑幕重重，丑闻频出，史密斯需要个强有力的人管理这个监狱。他应该去找谁呢？他找来新汉普顿的刘易斯·劳斯。

"派你去管理新新监狱怎么样？"他愉快地问劳斯，"那里需要一个有经验的人。"

劳斯愣住。他知道那里很难管。这是个政治任务，受政治风向的影响很大。那里的典狱长经常更换——最短的只待了三个星期。他必须考虑自己的前途。冒这样的风险值不值得？

史密斯看到他犹豫不决，微笑着说："年轻人，你会害怕是正常的。这是个艰巨的任务，只有有大心脏的人才能做好。"

史密斯向劳斯提出一个巨大的挑战。劳斯被这个挑战吸引，非常想从事这份需要"大心脏"的工作。

于是他去了，在那儿干了很久，成为新新监狱历史上最著名的典狱长。他创作了一部名为《新新两万年》的纪实图书，这本书很快畅销全国，还在电台播送。他在狱中的生活故事被拍成好多部电影。他对罪犯的人性化管理是监狱改革史上的奇迹。

菲尔斯顿橡胶公司创始人哈维·菲尔斯顿曾说："别以为光凭高额薪金就可以吸引和留住人才，只有竞争才能留住人才。"

竞争是所有成功人士都喜欢的挑战。有了竞争，就有了自我表达的机会。有了竞争，就有了证实自身价值，去超越，去取胜的机会。有了竞争，人们才会去参加赤足走和吃馅饼比赛。竞争满足人们争强好胜的欲望，让他们感觉自己很重要。

因此，你如果希望他人——生机勃勃之人，有勇气之人——想你之所想，第十二条规则是：

提出挑战。

总结

让他人想你之所想的十二种方式

方式一：避免与人争论。

方式二：尊重他人的意见，千万别说他人错了。

方式三：你如果错了，就迅速而真诚地承认。

方式四：沟通始于友善。

方式五：立即让他人开口说"是"。

方式六：让他人多说话。

方式七：让他人觉得那是他自己的主意。

方式八：尽量真诚地从他人的角度看问题。

方式九：体谅他人的想法和愿望。

方式十：激发他人高尚的追求。

方式十一：戏剧化地表达你的想法。

方式十二：提出挑战。

第四部

改变他人，又不致冒犯他人、引发愤怒的九种方式

第一章

你如果必须挑错，
请以这种方式开始

柯立芝总统执政时，我的一个朋友应邀到白宫度周末。他走进总统私人办公室时，正好听到柯立芝在对一位女秘书说："你今天的衣服很漂亮，你是个年轻貌美的女孩子。"

这也许是沉默寡言的柯立芝总统一生中对秘书的最高称颂。女秘书面对意外的夸赞，脸涨得通红，不知该怎么办才好。总统话锋一转："我说刚才的话只是为了让你高兴些。从现在起，希望你仔细注意公文里的标点符号。"

柯立芝总统的方法未免太明显，但他使用的是一种巧妙的心理学——一个人受到他人的赞誉之后，就比较容易接受批评了。

理发师替人修面时，总要先在客人的脸上涂上一层肥皂沫。麦金利一八九六年竞选总统时，就运用了这样的原理。当时在共和党内颇有名的一位党员写了篇自己觉得比集合西塞罗、帕特里克·亨利以及丹尼尔·韦伯斯特三人演讲优点于一身的讲演稿还胜一筹的讲演稿。他高兴地在麦金利面前，把这篇不朽之作朗诵了一遍。这篇演讲稿虽然有可取之处，但并不适用于竞选场合，很可能会引来潮水一样的批评。麦金利不想伤害这位先生的感情，不能抹杀一个支持者的热情，但必须说出个"不"字。他是怎么做的呢？

"我的朋友，这真是一篇精彩绝伦的演讲稿，"麦金利说，"我相信没人会比你写得更好。这篇演讲稿在许多场合使用都是恰如其分的。但它是不是能用在当下这次竞选中呢？也许从你的角度来看，这篇演讲稿非常合适；可我必须从共和党的立场，考虑这份演讲稿会产生的影响。现在你回家去，按照我提出的修改意见，再写篇演讲稿给我。"

那位党员遵照他的建议，写了第二份演讲稿，麦金利和他一起修改了这份演讲稿。这份演讲稿对麦金利在选举中赢得民心起到重要作用。

下面是亚伯拉罕·林肯写过的第二有名的信。（他最有名的那封是写给毕克斯比夫人的，哀悼她在战争中失去五个儿子。）林肯写这封信大约用了五分钟，但这封信一九二六年拍卖时卖出一点二万美元，比林肯辛劳工作五十多年存下来的积蓄还要多。

这封信是在内战中最艰苦的一八六三年写下的，具体时间是四月二十六日。十八个月来，林肯领导的北方联军屡战屡败。很多士兵逃走，一些共和党议员也开始作乱，想强迫林肯离开白宫。林肯说："我处在崩溃的边缘，上帝好像都在与我作对。我看不到一丝希望。"林肯正是在此痛苦而绝望的时刻，写下这封信的。

我之所以引用这封信，是因为我们可以从中看出，国家命运系于某个将军身上时，林肯是如何试图改变这个摇摆不定的将军的。

这也许是林肯当选总统后写的最严厉的一封信。但我们可以看到，他在信中先称赞了胡克尔将军，然后才指出他的严重错误。

这些错误非常致命，但林肯并未直接道破，而是委婉写道："我对你对某些事情的处理不太满意。"这是非常圆通的做法！

他写给胡克尔将军的信全文如下：

我任命你为东部战区主力军队波托马克军的司令。我有充足的理由这样做，但我想告诉你，我对你对某些事情的处理不太满意。

你是一位有勇有谋的将军，这是我欣赏你的地方。我相信你不会把政治和军事任务混在一起，而且你在这一点上的确做得很好。你很自信，这一品质对你取得的成就并非不可或缺，但很珍贵。

你很有志气，这在一定程度上是有益无害的。但我让伯恩赛德将军率领军队时，你出于个人意气，竭力阻挠他的军令，这无论对国家，还是对一位战功显赫的长官来说，都是一个大错。

我听说，你最近说，国家和军队都需要一位独裁者。请记住，我不是因为这个，才把军权交给你的。

只有获得胜利的将领才有可能成为独裁者。我希望你达成的是军事上的胜利，而不是军队里的独裁者。

政府会尽力帮助你，和对待以前和以后的所有将领一样。我担心你给军队灌输的批评领袖、打击信心的思想会反过来作用在你自己身上。我会尽力防止这种情况的发生。

这种思想一旦在军队中蔓延，军队的战斗力势必将被削弱，拿破仑再世也无法挽救危局。务必小心谨慎，克制行事，这样军队才能在你的带领下顺利前行，取得一个又一个胜利。

你不是麦金利、柯立芝或林肯。你想知道这种方法能不能应用在每天的工作上。让我们来看看费城瓦克公司的高尔先生的例子吧。高尔先生和你我一样，是个普通老百姓。他是我在费城开的班上的一个学员。高尔先生在班上的同学们面前讲述了下面这个故事。

瓦克公司承包了一幢办公楼的建筑工程，必须在指定日期前完工。工程进行得很顺利，眼看就要完工。这时，负责建筑外墙材料的供应商突然说他们无法按时供货。结果很严重！整个工程将因此延期。瓦克公司将面临巨额罚金和惨重的商誉损失。

无数次长途电话！数不清的争吵和辩论！但供应商就是无法按期供货。最后，公司只能派高尔先生前往纽约，进行最后的交涉。

"你知道你是布鲁克林唯一姓这个姓的人吗？"高尔先生一进这位总裁的办公室就问。这位总裁满脸惊奇地说："不，我不知道。"

"我今天早晨下火车以后，找了本黄页查你的名字，你是黄页上唯一姓这个姓的人，"高尔先生说。

"我不知道竟然还有这事，"总裁饶有兴致地拿起黄页电话本，"没错，这的确是个非同寻常的姓，"他自豪地说，"我们家族来自荷兰，两百多年以前定居在纽约。"然后他讲起家族和先祖。他说完以后，高尔先生称赞他的厂房之大，并拿它与他以前到过的几家工厂做对比。"这是我见过的最干净最整洁的工厂。"高尔先生说。

"我花了一辈子才建立起这项事业，"总裁说，"我为此感到骄傲。你想和我一起再参观一下工厂吗？"

高尔先生在参观过程中不失时机地称赞工厂里使用的制造设

备，说他的设备看上去比竞争对手的都要好，并解释他这么说的缘由。总裁说到某样特别的机器时，兴奋地说这件设备是他自己发明的。他不厌其烦地向高尔先生介绍操作这件设备的过程以及这部设备能做的超凡工作。他介绍完工厂后，坚持请高尔先生吃午饭。自始至终，两人没谈到高尔先生此行的真正目的。

午饭后，这位总裁说："我知道你此行的目的，但我没想到我们的会面会如此愉快，你可以带着我的承诺回费城。我随后马上派人把你们要的材料送过去。我也许要拖延别处的供货，但一定会先满足你们的需求。"

高尔没说出来，就达到了目的。材料全部如期运到，工期没有受到任何影响，大楼如期交付客户。

高尔先生如果像往常那样和总裁争论不休，材料能那么快运到吗？

因此，改变他人，又不致冒犯他人、引发愤怒的第一条规则是：

以真诚的夸奖和欣赏开始对话。

第二章

如何批评——并避免因批评遭人厌恶

　　一天中午，查尔斯·斯瓦布走过钢厂，看见几个员工正在"禁止吸烟"的牌子下抽烟。他没有过去，指着牌子说："你们难道不识字吗？"他走过去，递给每人一支烟，然后说："伙计们，你们如果到外面去抽，我会很感谢你们的。"员工知道自己破坏了规定，因此感激斯瓦布，因为他不但没斥责他们，还给了他们每人一支烟。谁不敬重这样的老板呢？

　　瓦纳梅科每天都要到自己的店里去一下。一次，有个顾客等在柜台前，没有人理会她。店员呢？他们正聚在另一个角落里聊天嬉笑。瓦纳梅科没有说一句话，静静走到柜台后，自己动手接待了那位女士，把东西交给店员包装后，便走开了。

　　一八八七年三月八日，闻名世界的废奴主义者亨利·沃德·比彻长辞于世。列曼·阿伯特牧师受邀在比彻的追悼会上致辞。阿伯特为了有上佳表现，把悼文修改了几遍。然后，他把悼文读给妻子听。他的悼词和大多数悼词一样，也乏善可陈。他的妻子如果不会说话，也许会这样说："列曼，你写得太烂了。这样写根本不行，来宾们会睡着的。悼文听起来像流水账。你布了这么多年道，怎么一点长进都没有？看在上帝的分上，多说点人话，行吗？这种表达太不自然。你念这种东西，等于是羞辱自己。"

妻子如果这样说，列曼很可能会负气坚持，在追悼会上用这篇悼词。但她并没有这样说，只是告诉丈夫，这篇稿子用在《北美评论》上一定会很棒。她在赞扬丈夫，同时也在暗示，这东西不适合用作悼词。列曼·阿伯特听懂她的意思，撕掉这份精心准备的稿子，在追悼会上做了即兴致辞。

因此，改变他人，又不致冒犯他人、引发愤怒的第二条规则是：

委婉地指出他人的错误。

第三章

先谈自己的过错

　　三年前，我的侄女约瑟芬·卡内基离开堪萨斯城，前来纽约，做我的秘书。她当时只有十九岁，高中毕业三年，没有什么工作经验。而今，她已经是位十分干练的秘书。她刚开始做这份工作时非常敏感。有一天，我想批评她两句，但随即对自己说："戴尔，别忙着批评她。你的年纪有她两倍大，经验比她丰富得多，她怎么可能会和你有一样的想法、判断和自发主动的精神呢？再说，你自己十九岁是什么样子，很出色吗？记得你像蠢驴一样犯下的错误吗？记得你做过的那些蠢事吗？"

　　我仔细想过后，不得不承认，约瑟芬比十九岁时的我强多了。我应该给她更多夸赞才对。

　　从那以后，约瑟芬每次犯错，我总对她说："约瑟芬，你犯错了，但我以前也常常犯错。判断力不是与生俱来的，得靠经验的积累，我在你这个年纪时还不如你呢。我没有资格批评你，但根据我的经验，你如果这样做，会不会更好一点呢？"

　　我们很难接受他人数落我们，但他人如果谦卑地承认自己也并不完美，我们就比较容易接受批评了。

德国亲王冯布洛在一九〇九年就明白这个道理。他当时是德国的军备部长，高居皇位的是傲慢而偏执的德国最后一个皇帝威廉二世。德皇声称要组建踏平世界的海军和空军。

这时发生了一件令人震惊的事情。德皇说了些令人让人瞠目结舌的话，这些话震撼整个欧洲，影响到世界各地。更糟的是，他是在作客英国时，公开发表了这些可笑、自傲、荒谬的言论。他让德国的《每日电讯》把他的原话发表在报纸上。他说他是唯一对英国表示友善的德国人，他说他正在组建一支抗衡日本海军力量的联合海军。他说只有他能使英国脱离法、俄两国的威胁。他还说他正在计划一场战争，帮助英国的罗伯茨勋爵战胜南非的布尔人。

一百多年来，欧洲没有任何一位国王会在和平时期说出这种话来。欧洲各国一片哗然。英国非常愤怒，德国朝野上下十分震惊。在各界的声讨之下，德皇渐渐感到事态的严重性，非常慌张。他让冯布洛亲王替他揽下责任。他希望冯布洛亲王宣布这一切是亲王的责任，这些荒唐的说辞来自于亲王的建议。

冯布洛亲王说："皇上，德国人或英国人都不会相信是我建议陛下说那些话的。"

他话一出口，立刻发觉自己犯了个大错。德皇也果真发起火来。

"你把我当成会犯下你不会犯的错误的猴子了吗?"德皇咆哮道。

冯布洛亲王知道应该先称赞德皇，然后再指出他的错误。但已经太晚了，他连忙采取补救措施，在批评后及时给予夸赞，这时的夸赞同样产生了奇迹。

冯布洛亲王恭敬地说："陛下，我绝没有那种意思。陛下在许多方面都远胜于我，在军事方面胜于我，在自然科学方面也是更胜一筹。陛下谈到气压计、电报和伦琴射线时，我都会感到自己很无知，缺少物理和化学方面的知识，连最普通的自然现象都无法解释。但是，"他话锋一转，"我懂得一些历史和政治方面的知识，这些知识在政治和外交上会非常有用。"

德皇露出笑容，冯布洛亲王称赞了他。冯布洛借贬低自己抬高德皇。德皇得到赞扬后原谅了他此前的一切过错，热忱地说："我不是常跟你说，我们俩以相辅相成著称嘛……为什么不坚持下去呢？我们一定会做得更好。"

他和冯布洛热烈握手，不是一次，而是连握了好几次。他举起双拳，激动地说："如果有人在我面前说冯布洛亲王的不是，我就揍扁他。"

冯布洛亲王及时挽救了自己！他是个手腕灵活的外交家，可还是做错了一件事。他应该先谈自己的短处，指出德皇的长处——不能一上来就说德皇是个智力低下、需要他人保护的人。

几句恭维的话就能让傲慢的德皇转怒为喜。不妨试想一下，赞扬和自我批评能在你我的日常生活中能产生多大的效果？如果运用得当，它们真能在人际关系中产生不可思议的奇迹。

改变他人，又不致冒犯他人、引发愤怒的第三条规则是：

先谈自己的过错。

第四章

没人喜欢接受命令

　　最近，我荣幸地同美国著名传记作家塔贝尔女士一起用餐。我告诉她我正在写这本书，然后，我们讨论起与人相处的重要问题。她告诉我，她撰写工业家、外交家欧文·扬的传记时，曾访问一位与欧文·扬在同一办公室工作过三年的人。那人说，在那三年里，他从没听到欧文·扬向任何人直接下过令。欧文·扬的措辞始终是建议，而不是命令。比如，他会说"你可以这样，"或是"你觉得那样做行吗"，而不是"你去干这个干那个"。他常常在口授一封信后对助手说："这样措辞也许更好些?"他总是给手下自己动手的机会，而不是吩咐他们去做这做那。他让手下放手去干，从错误中吸取教训。

　　这种方法能使人轻易纠正错误，保持尊严，产生受到重视的感觉。它能使人接受你，而不是反抗你。

　　改变他人，又不致冒犯他人、引发愤怒的第四条规则是：

提问，而不是下命令。

第五章

给他人面子

几年前，通用电气公司面临一个难题：他们不知该如何把查尔斯·斯坦梅茨调离部门经理的岗位。斯坦梅茨是电气方面的天才，而在其担任经理的会计部门一无所长。但公司不想得罪斯坦梅茨。他是个不可多得的人才，性格却非常敏感。于是他们给了斯坦梅茨一个新的头衔，他们请他担任通用电气公司的顾问工程师——继续干电气方面的工作，工作性质和原来一样——任命其他人为会计部门的经理。

斯坦梅茨非常高兴。

通用公司的主管也很高兴。他们在平和的气氛中成功调动了一位有点脾气的高级职员，没有引发任何风波。他们保全了斯坦梅茨的脸面。

给他人面子，这是多么重要的一件事啊！但我们很少考虑这个问题！我们常喜欢摆架子，我行我素，挑剔，威吓，在众人面前指责孩子或雇员，却从不考虑这样做伤害了他人的自尊！我们如果多考虑几分钟，说几句关心的话，设身处地地为他人想一下，就可以避免许多不愉快的场面。

下一次，我们不得不解雇员工或仆人时，请一定不要忘了这一点。

"解雇他人不是什么乐事，被人解雇就更无乐趣可言，"注册会计师马歇尔·格兰杰在写给我的信中说，"而我们的业务是季节性的，每年三月都要解雇很多人。

"我们有句行话：'没有人喜欢挥动斧子。'通常，大家都希望这种事能赶快过去，会这样说：'史密斯先生，请坐，旺季结束了，我们已经没有什么工作可以给你做。当然，你很清楚我们只会在旺季雇佣你，因此……'

"当事人自然很失望，会觉得自尊严重受损。大多数人在这行干了很多年，自然不会拥戴轻易解雇他们的这家公司。

"最近，我决定使一点策略让多余的人走。因此在冬天旺季结束后，我做了一次通盘考虑，然后把他们一个一个叫进来。我对将要被解雇的员工这样说：'史密斯先生，你的工作做得很好（他如果的确做得很好，我会这样说）。我们上次让你出差去诺瓦克，那工作很麻烦，可你完成得非常出色。我们希望你知道，公司以你为荣。我们相信你的能力，我们相信，你将来无论在哪里工作，都会做得很好。公司相信你，支持你，希望你无论何时都不要忘了这一点。'

"结果，被解雇的人脸色看上去好多了，他们没有被一脚踢开的感觉，他们觉得，假如有工作，公司会继续让他们做。公司再需要他们时，他们自然乐意再回来。"

德怀特·莫罗拥有让争吵双方偃旗息鼓的能力。他是怎么做到的呢？他站在双方的立场上，找出折衷的办法——进而强调这种观点，设法让双方接受——无论最终的处理办法是什么，莫罗从不把任何一方放在错误之地。

每个仲裁人都知道要给人保留颜面这个道理。

大人物不会在失败的人面前炫耀他们的胜利。我下面将举个例子：

土耳其人和希腊人敌对数百年，一九二二年，土耳其人决定把希腊人永远赶出本国的领土。

穆斯塔法·凯末尔对士兵们发表了一次拿破仑式的演讲。他对士兵们说，"打到地中海去。"这句话引发近代史上最激烈的一场战争。结果，土耳其获胜，希腊两位将军特里古皮斯和迪奥尼斯到凯末尔的大本营投降时，受到土耳其民众的百般辱骂。

但凯末尔并没以胜利者自居，显出一副趾高气扬的样子来。

"先生们，快请坐，"他握着他们的手说，"你们一定很累了！"他们谈过战争的细节后，凯末尔开始为两位将军舒缓失败的痛苦。他像与战友拉家常似的说："战争就像一场比赛，有时高手也会遭遇失败。"

凯末尔在胜利之时，也记得一条重要规则（对我们而言，是第五条规则）：

给他人面子。

第六章

激励他人走向成功

　　我很早就认识彼得·巴罗，他对动物的性情很了解，一辈子都在随马戏团到处表演。我喜欢看他训练狗。我注意到，狗稍有进步，巴罗便会拍拍它，称赞它，还给它肉吃，好像狗取得了了不起的成就。

　　这并不新鲜。几个世纪以来，驯兽师一直都是这样做的。

　　我很奇怪，我们想改变一个人时，为什么不用训练狗的方法呢？为什么不能以肉代鞭呢？为什么不能用称赞来代替责备呢？他人即使取得了微小的进步，我们也要称赞，这样可以激发他们继续取得进步。

　　劳斯典狱长发现，对于新新监狱里最凶狠的犯人，赞赏其微小的进步也是有效的。我写这本书时，正好收到劳斯典狱长的一封信，信中说："我发觉，对罪犯的努力进行适当的赞赏，比严厉的批评和惩罚能得到他们的更多合作，也更有利于促进他们人格的恢复。"

　　我没有在新新监狱坐过牢——至少目前还没有——但回首以

往，确实有那么几句赞美的话改变了我的整个一生。你们的一生中是否也有过同样的情形呢？称赞给人带来神奇力量的例证不胜枚举。

五十年前，一个十岁的孩子在那不勒斯的一家工厂做工，希望成为一位歌唱家，但他的第一位教师给了他重重一击："你的嗓子完全不行，唱起歌来像老公鸭。"

但他的母亲，一个贫苦的农家妇女，抱着他并告诉他，她知道他能唱，她已经看出他的进步。这位母亲为了省下钱给他上音乐课，平时从不穿鞋。母亲的称赞与鼓励改变了这个孩子的一生，这个孩子的名字叫卡鲁索 ①。

许多年前，伦敦有个年轻人渴望成为作家，但样样事似乎都在与他作对。他上学没到四年就辍了学，父亲因为没钱还债而锒铛入狱，他还经常饿得没饭吃。最后，他终于得到一份工作，在老鼠满地跑的仓库里贴标签。夜晚，他跟另外两个来自伦敦贫民窟的男孩住在阁楼的一间小黑屋里。他对自己的作品没有一点信心，完成稿子以后，为避免他人嘲笑，通常在夜里悄悄地把稿子投入邮箱。他不断写稿投稿，但他寄出的稿子接二连三地被退回来。有一天，他的稿子终于被录用。他一先令的稿费也没得到，但录用稿子的编辑赞许了他的作品。有人认可了他的努力！他非常兴奋，泪流满面地在街上漫无目的地走了很久。

---

① 意大利歌王。

这位编辑的称赞和鼓励改变了他的命运。若不是那次鼓励，这个年轻人可能一辈子都在满是老鼠的仓库里工作。你们或许都知道这个年轻人的名字，他就是英国的大文学家查尔斯·狄更斯。

五十年前，有位年轻人在伦敦的纺织品商店上班。他每天早晨五点钟就要起来打扫店铺，一天工作十四个小时。这是份苦差事，他非常厌烦这份工作。两年后，年轻人实在忍不下去。一天早晨，他没吃早餐，一口气走了十五英里路，找他当管家的母亲商谈。

他发疯似的向母亲哀求，发誓再也不回店铺工作。他如果要再留在店中，就不活了。他写了封很长的苦情信给原来的校长，说他心已破碎，不想再活下去。这位校长给了他一些赞美和鼓励，说他是个聪明的年轻人，应该找一份更适合的工作，然后给了他一个教员的职位。

校长的赞许改变了这位年轻人的未来，使他在英国文学史上留下了浓墨淡彩的一笔。他写了七十七本书，赚了一百多万美元。你们或许已经知道他是谁了，他就是英国的著名小说家 H.G. 威尔斯。

一九二二年，有个加利福尼亚年轻人非常贫困，连妻子都养活不了。他每周日在教堂的唱诗班唱歌，靠在婚礼上唱《给我承诺》时不时拿上五美元的报酬。他没钱住在城里，只能住在葡萄园中的一间破屋子里。这间屋子的租金是每月十二点五美元，虽然价低，可他也支付不起。他欠下十个月的房屋租金，只能在葡萄园里摘葡萄，以代付租金。他说，他很多时候找不到东西吃，只能吃些葡萄。他非常沮丧。他想放弃歌手生涯转而做汽车销售员时，小说家、电影导演鲁伯特·休斯赞美了他。鲁伯特·休斯告诉他："你有一副好嗓子，应该去纽约学声乐。"

这个年轻人告诉我，鲁伯特的赞美成了他人生的转折点。他借了两千五百美元去东部学声乐。你也许听说过他的名字，他就是歌剧演员劳伦斯·蒂比特。

谈到改变人，我们如果要激励身边的人，就应该发掘他们身上隐藏的潜能，这时我们所能做的就不单单是改变人。我们可以在潜移默化中让这个人获得重生。

我夸大其词了吗？完全不是。听听美国最杰出的心理学家和哲学家、原哈佛大学教授威廉·詹姆斯说的这句话吧：

与应该达到的成就相比，我们差了不只一半。我们只用了很小一部分脑力和体力资源。换句话说，人类还远没达到他可以达到的极限。人类还拥有许多没有用上的能力。

没错，读这段话的人就拥有许多还没有用到的能力。其中包含还没被你们用到极致的赞美人、激发人最大潜能的能力。

因此，改变他人，又不致冒犯他人、引发愤怒的第六条规则是：

对他人的每一个微小的进步给予称赞。要"诚于嘉许，宽于称道"。

第七章

给予他人美誉

　　我的朋友，纽约斯卡斯代尔区布鲁斯特路一百七十五号的厄内斯特·根特夫人雇了个女仆，准备让她下周一上工。根特夫人雇了这位女仆以后，打电话到女仆以前的女主人那里，知道这个女仆有很多不尽如人意的地方。女仆来上工时，根特夫人对她说："莱莉，我前两天给你以前的女主人打了电话，她说你诚实可靠，烧得一手好菜，很会照顾小孩。但就是有些不爱整洁，屋子永远收拾不干净。我现在觉得她是在说谎，你的穿着很整洁，我敢保证你收拾屋子必定也很棒。我们会相处得很好的。"

　　事实果真如此。莱莉希望顾全名誉，把屋子收拾得很好。她宁愿多花一个小时，也要把屋子收拾得亮堂堂，不希望根特夫人对她失望。

　　"人们如果得到尊重以及对其某方面能力的认可，"鲍德温火车头工厂厂长萨穆埃尔·沃尔克兰说，"就愿意往他被认可的方向努力。"

　　简而言之，如果想改变某个人的某一方面，就要表现得他好像具备这些方面的一些优良品德。莎士比亚说："假定他有种实质上还没具备的美德。"在公开的场合宣称他人具备一种你希望他具有的美德，他便会尽力去做，因为他不想让你失望。

若尔热特·勒布朗是诺贝尔文学奖得主梅特林克的女友。她在《回忆录：我与梅特林克的生活》一书中提到一位卑微的比利时女仆的惊人变化。

"有个女仆从临近的旅店给我送饭，"她在书中这样写道，"她的主要工作是在厨房洗碗，因此人们都叫她'洗碗的玛丽'。她斜眼，罗圈腿，模样非常丑，是个在肉体和精神上都十分可怜的人。'

"有一天，她用油腻的手把装着意大利面的盘子递给我时，我爽直地对她说：'玛丽，你不知道自己身上拥有着什么样的宝藏。'

"习惯掩饰自己过去的玛丽等了几分钟，生怕会惹上什么祸患。过了一会儿，她把盘子放在桌上，叹口气，对我说：'夫人，换作在以前，我不会相信你说的这番话。'她没有怀疑，没有发问，重复我的话，回到厨房，相信我没有拿她寻开心。从那天起，大家似乎或多或少似乎开始尊重她了，但最大的变化来自于她的自身。她相信自己身上有种大部分人还没注意到的优点，开始注意仪表和体态，并将身上的丑陋之处隐藏起来，使自己枯干的青春重新焕发出光彩。

"两个月后，我要离开时，她说她要和主厨的侄子结婚了。'我要嫁人了。'她向我表示谢意。我的一句话竟改变了她的整个人生。"

若尔热特·勒布朗给"洗碗的玛丽"戴了一顶高帽，这顶高帽改变了玛丽的人生。

亨利·克莱·里斯纳在试图影响美国驻法陆军的行为时使用了相同的手法。美军最受人敬重的詹姆斯·哈伯德将军告诉里斯纳，二百万美国步兵是他眼中最整洁，最完美的士兵。

这个赞美过分吗？也许吧。我们来看看里斯纳是如何运用这种赞美的。

"我不厌其烦地在士兵们面前重复将军的赞美，"里斯纳在回忆录中这样写道，"我从来没有一刻怀疑过他的话是假的。但我很清楚，哈伯德将军的话也许不是那么准确，但会激励他们朝那个方向努力。"

有句老话是这样说的："给狗一个恶名，不如把他勒死算了。"如果给它一个善名呢——看看会发生什么奇迹吧。

新新监狱的典狱长说——他应该很清楚自己在说什么："对付盗贼，只有一个办法能使他更好，那就是像对待受人尊敬的绅士一样对待他，相信他会守规矩。他会有所回应，以被人信任而自豪。"

这句话太精彩了，我想在这里再重复一遍："对付盗贼，只有一个办法能使他更好，那就是像对待受人尊敬的绅士一样对待他，相信他会守规矩。他会有所回应，以被人信任而自豪。"

因此，你如果想影响一个人的行为，又不致冒犯他人、引发愤怒，请记得第七条规则：

给予他人美誉。

第八章

使错误显得容易被纠正

　　不久前，我有一位年约四十的单身汉朋友订了婚，他的未婚妻劝他去学跳舞。"我确实需要好好学学跳舞，"他向我承认，"因为我的舞步还和二十年前一样。我请的第一个老师说的可能是实话，她说我跳得全然不对，我必须把学到的舞步全都给忘掉，重新开始学。她的话使我非常灰心，没动力学了。于是我辞了她。

　　"我的第二个老师也许在说谎，但我喜欢她的说法。她说我的舞步有点过时，但基本功还是很扎实的，她说她觉得我很快就能学会几种新的舞步。第一个老师强调我的错误使我灰心，新的老师的做法正相反，她反复赞扬我的长处，刻意忽略我的短处。'你天生就有节律感，'她告诉我，'你很适合跳舞。'我心里知道自己跳得很烂，但在内心深处，我依然希望她这话出自真意。确实，我是付了钱才使她说出这番话的，但第一个老师为何就光说些让人丧气的话呢？

　　"如果她没告诉我，我天生就有很好的节奏感，我想我不会学下去。她的话鼓励了我，给了我希望，使我不断取得进步。"

我们常对丈夫、孩子或雇员说他在某件事上很愚蠢，没有某方面的天赋，或是他全错了。你这样说，等于扼杀了他人改进的任何可能。用相反的方法试一试吧。不吝惜自己的赞美，使事情看上去很容易做，让他人知道你对他的能力有信心，他的身上有一种还没挖掘出的才能——他会勤学苦练，超越你的期望。

洛厄尔·托马斯运用了种方法。在我看来，他是人际关系学大师。他给你勇气和信心。最近，我和托马斯夫妇一起过周末。周六晚上，他们让我在跃动的篝火旁边和他们打桥牌。让我打桥牌吗？哦，这不行，我可不会打桥牌，我对桥牌一窍不通。桥牌对我来说就是个谜。不行，我绝对不可能和他们一起玩。

"戴尔，打桥牌不需要任何技巧，"洛厄尔回答说，"只需要好记性和准确的判断。你写过一篇关于记忆力文章，打桥牌对你而言应该不是难事。你一定会玩得很出色。"

我不知不觉坐到牌桌前。托马斯如果没告诉我我很有打牌的天赋，桥牌其实并不难，我才不会和他们一起打牌呢！

说到桥牌，我想起伊莱·库伯斯顿。库伯斯顿在桥牌界是个尽人皆知的名字，他的书被翻译成十几种语言，销售不下一百万册。他经常说，若不是一位年轻女性曾告诉他有玩桥牌的天才，他才不会以此为业呢。

一九二二年，他来到美国，打算找一个哲学或社会学方面的教职，但一直没有找到。

后来他替人推销煤，以失败而告终。

之后他又替人推销咖啡，但同样一无所成。

那时，他从没想过会教人桥牌。他的牌打得很烂，而且脾气还很固执。他玩牌时会提出许多问题，还会反复讲述上一局牌，因此没几个人愿意和他玩。

后来，他爱上并娶了美丽的桥牌老师约瑟芬·迪伦。约瑟芬注意到他算牌很细致，认为他是个牌桌上的天才。库伯斯顿说，因为妻子的称赞，他才会从事桥牌这个行当。

因此，改变他人，又不致冒犯他人、引发愤怒的第八条规则是：

使用鼓励法。使你想纠正的错误显得容易被纠正；使你希望他人做的事显得很容易达成。

第九章

让他人乐于做你希望他做的事

一九一五年，美国被欧洲的局势震撼了。欧洲各国相互厮杀，演绎出历史上规模最大的一次战争。美国能给欧洲带去和平吗？没人说得清楚。但伍德罗·威尔逊总统决意试一试。他想派一位私人代表作为和平特使去和欧洲各国的军方协商。

一向倡议和平的国务卿威廉·詹宁斯·布莱恩很想得到这次机会。他觉得这是个重要任务，可以使自己名垂青史。但威尔逊决意让自己的密友豪斯上校承担这个任务。豪斯面临一个难关，他得把这个消息告诉布莱恩，又不能惹布莱恩生气。

"布莱恩听说我被任命为和平特使，将前往欧洲时，显得特别失望，"豪斯上校在日记中这样写道，"他说他也想去……

"我告诉他，总统认为派个官员过去恐怕不太合适。他去那里会引起广泛注意，人们会问他为什么会出现在欧洲……"

看出他的潜台词了吗？豪斯是说布莱恩的身份过于重要，不适合担任这项工作……布莱恩听了这话，一定会感到很舒坦。

豪斯上校履历丰富，处事精明。他在处理这件事时，运用了人际关系上重要原则：让他人乐于做你要他做的事。

伍德罗·威尔逊在邀请威廉·吉布斯·麦克阿杜入阁时也采用了这个策略。威尔逊使用最高的礼遇让麦克阿杜觉得自己很重要。麦克阿杜是这样说的："他说他正在组建内阁，我如果愿意担任内阁中的财政部长，他将倍感荣幸。他这样做让我觉得，我如果接受这份职务，等于是帮了他的忙。这让我感觉很好。"

不过，威尔逊没有一直使用这种手段。他如果坚持使用这种手段，美国的历史可能就要改写了。比如说，威尔逊不让美国加入国联，这让参议院和共和党都很不高兴。威尔逊拒绝带埃利胡·鲁特、休斯、亨利·卡波特·洛奇和其他任何一个资深的共和党员参加和平峰会，却带上本党两个名不见经传的马前卒。他冷落共和党，不让共和党人在国联上有决策权和参与感。威尔逊的鲁莽伤害自己的事业，健康也遭到损害。美国最终未能加入国联，历史的轨迹也因此而改变。

著名的双日出版社严守下面这条规则：让他人乐于做你要他做的事情。名作家欧·亨利说，双日出版社有时会拒绝他的某一部书稿，但态度非常得体，不会让人产生不愉快的感觉。作家书稿即使被拒，也比被别家接受书稿心情更舒畅。

我认识一个不得不多次拒绝演讲邀约的人。邀请他的人很多，他不得不推却其中的绝大部分。邀请他的有的是他的朋友，有的诚意很高，但他推辞的方法很巧妙，既回绝了对方，又让对方非常满意。他是如何做到的？是告诉朋友太忙抽不出空闲？或提出其他什么理由？不是的。他先感激对方的邀请，但同时又感到非常抱歉，接着会建议一位能代替他演说的人。换句话说，他根本不给你时间不快。他让你立即盘算起代替他演讲的那位演讲者。

"为什么不让我的朋友，《布鲁克林鹰》杂志的编辑克利夫兰·罗杰斯为你们演讲呢？"他会如此建议，"试着去找找盖伊·希科克怎么样？他在巴黎待了十五年，作为一个驻欧记者，有许多奇妙的故事可以讲。你们还可以找找利文斯顿·兰法洛，他在印度拍了很多打猎的电影。"

万特先生是纽约最大的网纹纸和照相胶片印刷公司的老板。他想改变一个技师的态度，又不想触怒他。这位技师需要日夜维持十几台打字机和其他大型机器的运转。他总是抱怨工作时间太长，工作太多，说他需要一个助手。

万特先生既没有缩短他的工作时间，或减少他的工作量，也没有替他雇佣什么助手，却让技师转怨为喜。万特先生是如何做到的呢？他的办法很简单，他给那位技师一间私人办公室。办公室外面挂了块牌子，上面写着他的名字和服务部经理这个头衔。

这么一来，他就不再是任何人可以随便使唤的修理匠了。他现在贵为一个部门的经理，有了被人重视的感觉。现在，他工作得很愉快，再也没有什么怨言。

孩子气吗？也许是的。但拿破仑创立荣誉团时也是这样做的。他给士兵颁发了一千五百多枚勋章，封了十八位"法兰西上将"，称自己的部队为大军。有人说他的做法"太儿戏"，他回答说："只能靠儿戏来驾驭人。"

给人授衔的方法拿破仑能用，你我同样也能用。上文提到的纽约斯卡斯代尔的根特夫人就用了。有一段时间，跑过她家草坪造成破坏的男孩子们让她不胜其扰。她批评他们，利诱他们，但种种方法都没有奏效。然后她想到一个新的办法，给孩子中的孩子王一个头衔，使他产生大权在握的感觉。她让这个孩子做这片草坪的"管理员"，不让任何非法侵入者穿越草坪。她的做法奏效了，"管理员"在草坪旁的泥地上烧了把火，把铁条烧得滚烫，威吓任何胆敢踏上草坪的入侵者。

这就是人之本性。因此，改变他人，又不致冒犯他人、引发愤怒的第九条规则是：

让他人乐于做你建议他做的事情。

总结

改变他人，又不致冒犯他人、引发愤怒的九种方式

方式一：以真诚的夸奖和欣赏开始对话。

方式二：委婉地指出他人的错误。

方式三：先谈自己的过错。

方式四：提问，而不是下命令。

方式五：给他人面子。

方式六：对他人的每一个微小的进步给予称赞。要"诚于嘉许，宽于称道"。

方式七：给予他人美誉。

方式八：使用鼓励法。使你想纠正的错误显得容易被纠正；使你希望他人做的事显得很容易达成。

方式九：让他人乐于做你建议他做的事情。

第五部

创造奇迹的信件

我知道你在想什么。你看到这个题目以后，也许会说："'创造奇迹的信件'？荒唐，又是自吹自擂的广告。"

　　你这样想的话，我绝不会怪你。十五年前让我看这种书，我也会这么想。你对这种说法有所怀疑吗？很好，我喜欢怀疑论者。二十岁前，我生活在密苏里——我喜欢凡事都探个究竟的人。人类思想史上的所有进步都是怀疑论者、提问者、挑战者和希望亲眼一见的人造就的。

　　平心而论，"创造奇迹的信件"这种说法准确吗？

　　坦白讲，这个说法并不十分准确。

　　事实上，这种描述太过保守。事实上，这章刊载的一些信产生的效果比奇迹更让人惊讶。让我们看看这个奇迹的创造者，前约翰斯-曼维尔公司的营销经理，现高露洁公司的广告经理和全美广告业联合会主席肯·戴克是如何做到这一切的吧。

　　戴克说他发给经销商调查表后，一般只能回收百分之五到百分之八的调查表，能回收百分之十五就非常好了，回收百分之二十就是个了不起的奇迹。

　　但戴克先生的下面一封调查征集信，却达到了百分之四十二点五的回收率。换句话说，他创造了两倍的奇迹。你无法对此一笑置之。这不是侥幸成功，也不是意外之喜，戴克先生之后的十来封信取得了同样的效果。

他是如何做到的呢？用戴克先生自己的话讲："回信率的有效增长是在我参加了卡内基先生的'有效演讲和人际关系'的课程后取得的。我上了他的课程以后，发现之前采取的那些办法全是错的。我试着运用课程教授的原理并加以改进，调查信回收率增长了五到八倍。"

下面是他写的这封信。这封信通过让收信者帮个小忙取悦于对方，对方通过帮这个忙会感到自己被人重视。

信中括号里的内容是我做的评论。

印第安纳州布兰克威尔

约翰·布兰克先生：

不知您能不能帮上我一个小忙。

（我们可以想象一下。假设有个亚利桑那的木材交易商从约翰斯-曼维尔公司的经理那里收到这封信。在信的第一行，这个位高权重的经理问他能否帮一个小忙。这个亚利桑那的木材交易商想必会对自己说："这个纽约人如果遇上什么困难，他算是找对人了。我是一个乐于助人的人，我来看看他遇上了什么难处。"）

去年，我成功说服公司上层做直邮广告营销活动，帮助经销商在建筑材料上的销售额上更上一层楼，广告费用全部由约翰斯-曼维尔公司承担。

（亚利桑纳的这位经销商可能会说："他们当然应该承担这笔费用。他们从中赚了好几百万，而我得到的那些零头连付房租都不够……好吧，看看他有什么具体难处吧。"）

最近，我向一千六百位执行过直邮营销的经销商寄出调查信函，得到好几百份回复。回信者表示他们接受这种合作方式，认为这种方案对他们有利。

在此可喜成果的鼓舞之下，我提出全新的直邮营销计划，相信您和其他经销商一定会喜欢。

但是今天上午，我和公司总裁讨论去年计划的实施情况，他问我去年的营销计划带来了多少业绩的增长。自然，我必须找您帮忙回答他的这个问题。

（"我必须找您帮忙回答他的这个问题。"这句话说得非常妙。纽约的这个大人物说的是实情，他向亚利桑那的经销商坦承了自己的困难。注意，他没有浪费时间吹嘘自己的公司是何等重要，反而表示自己非常依赖对方。戴克承认，如果没有经销商的帮忙，他无法向公司总裁汇报工作。这位经销商出于人之本性，当然很喜欢这种讲话方式。）

我期望您能帮我做到：（1）请在随附的明信片上告诉我，去年的直邮广告计划帮您获得的建筑材料上的销售额。

（2）请尽量确切地告诉净利（扣除业务所需费用。）

　　您如果能腾出宝贵时间，给我回寄这两份数据，我将不胜感激。

销售经理

肯·戴克

　　（注意，在这最后一段中，他强调对方而忽略自己，还用上"腾出宝贵时间"，"我将不胜感激"等字句。）

　　这封信很简单吧？但这样一封让对方帮个"小忙"的信产生了奇效，它使对方产生了一种被人重视的感觉。

　　你不管是出售装修材料，还是组织去欧洲旅行的旅行团，运用这种心理一定会产生奇效。

　　有一次，我和幽默作家霍默·克罗伊乘车去法国内陆游玩，途中迷了路。我们停下福特 T 型车，问路边的农民如何才能抵达下一个市镇。

　　我们的提问产生了神奇的魔力。汽车在当地是稀有之物，这些穿着木鞋的法国农民以为美国人都很有钱，开车在法国旅行的美国人当然更有钱，肯定是百万富翁，说不定还是"汽车大王"福特的兄弟呢！但他们掌握着我们不知道的信息。我们的钱或许比他们多，但还是得摘下帽子，毕恭毕敬地向他们问路。这给了他们一种受到重视的感觉。所有人都抢着回答。其中一个人怕他人抢了先，让其他人都闭嘴，似乎要独享这种指路的快感。

　　你下次也可以一试。你来到一个陌生的地方，走到一个经济和社会地位都低于你的人面前时，可以对他说："你愿意帮我一个忙吗？请问到某个地方怎么走？"看看他会有何反应。

本杰明·富兰克林用这种方法，将仇人变成终身的朋友。富兰克林年轻时，把所有的积蓄投到一个小印刷厂里，又在费城谋得一个议会职员的职位，这个职位使他能够得到更多的印刷业务。富兰克林很想保住这个职位，但不久，他的前途出现危机——议会里有个颇有权势的人不喜欢他，而且在公开场合诋毁他。

这对富兰克林来说太不利了，富兰克林决定让那个人喜欢上他。

他该如何去做呢？这是个很大的问题。难道要靠给对方帮忙，取悦于他？绝不，那样只会遭到对方的怀疑和轻视。

富兰克林非常精明，知道绝对不能做掉价的事情。他采取相反的策略。他请这个看不上他的人帮他的忙。

他没有让对方借钱给他。没有，绝对没有！他让对方做了件他自己想干的事情，这个请求满足了对方的虚荣心，让对方感觉受到尊重，而且又巧妙地表明富兰克林对他的钦佩。

下面我用富兰克林自己的话来描述整件事的经过：

听说他的书房里有部珍本图书，我给他写了封信，表达借书的愿望，请求他把书寄给我读几天。

他很快把书送来了。过了一周，我把书还给他，并写了封短信，真诚地表达谢意。

我们下次在议会大楼见面时，他居然主动同我打招呼，与我交谈，态度非常客气，表示随时可以帮我的忙。我们成了非常要好的朋友，友谊延续了一辈子。

本杰明·富兰克林已经去世一百五十多年，但让他人帮忙的心理策略到现在依然有用。

我班上的学员阿尔伯特·阿姆塞尔就靠这种心理策略取得巨大的成功。一连几年，这位推销管道和供暖材料的销售员试图把自己的材料卖给布鲁克林的一个管道商。这个管道商业务范围广大，信用也非常好。但阿姆塞尔开始时遇上了麻烦。这位管道商没什么文化，总爱把人置于尴尬的境地。他坐在办公桌后面，嘴里叼着根粗大的雪茄。阿姆塞尔每次推门而入，他总会朝阿姆塞尔大吼："我今天什么也不想要！别耽误我的时间，别让我看见你！"

后来，阿姆塞尔改变策略，这个策略让他既做成了生意，又交到一个长期合作伙伴。

当时，他们公司正准备在长岛的女王山庄开分店，那位管道商对女王山庄的情况正好非常了解。因此，阿姆塞尔再一次前去拜访，开门见山地说："先生，我今天不是来推销东西的。我只是想请您帮个忙，您能抽出点时间给我吗？"

"好吧，"管道商把雪茄拿到手上，说，"有什么话快说。"

"我们公司准备在女王山庄开家分店，你对那里很了解，我来是想问问你对这件事是怎么看的。我想知道在那儿开个分店是不是个好主意。"

情况马上有了转机。多年来，这位商人总是以怒吼赶人走的方式对待销售员，以显示他的权威。

现在，竟然有个大公司的销售员来向他求教，询问他对开设分店的看法。

"坐下吧。"他拉过一把椅子，让阿姆塞尔坐下。接着，他用一个多小时的时间向阿姆塞尔介绍女王山庄的情况。他不但赞成分店地点的选择，还帮阿姆塞尔就门面购买、货物存储及业务开展等问题作了一个规划，由此获得一种被人看重的感觉。接着他们把话题转到管道商的经营问题上，这时管道商的态度已经变得非常友好，不仅把经营上的一些麻烦告诉阿姆塞尔，而且还跟他讲了一些家里的纠纷。

"我那天晚上离开时，"阿姆塞尔说，"我不但得到了一大笔订单，还和管道商建立起牢固的友谊。现在，我经常和这个从前只会朝我大叫的家伙一起打高尔夫球。他改变态度，是从我请求他帮忙，使他感觉到自己很重要的那一时刻开始的。"

我们来看看肯·戴克的另一封信，这封信也用到了"帮我忙"的心理策略。

几年前，戴克先生常为商人、承包商、建筑师回他的调查信函而烦恼，认为这是由自己能力不足造成的。

那时，建筑师和工程师的回信率通常不足百分之一。哪个月能到百分之二就已经很好了，百分之三是个可望而不可即的数字，百分之十就算是奇迹。

但他用了"帮我忙"的心理策略之后，回信率提高到百分之五十……五倍的奇迹！回信不再是以前的寥寥几笔，有的信有两页半。信里都是友好的建议和合作意向。

下面就是肯·戴克的这封信。注意其中所用的心理策略——尤其是关键字词——这封信的说服效果和前一封信几乎不相上下。你们读这封信时，不难从字里行间感受到收信人的感想，不难发现它是如何创造五倍的奇迹的。

约翰斯–曼维尔公司

东四十街二十二号

纽约城

××先生

××街××号

新泽西××市

　　能否请您帮我解决一个小小的难题？

　　一年前，为了方便您工作，我说服公司做了一本我司所有建筑材料的目录，以及这些材料在建筑、装修和维护中的使用方法。

　　随信附上我司的这本目录。

　　现在，这本目录渐渐跟不上形势，目录里材料种类太少，没有多少参考意义。我跟总裁提了这件事。他对我说，**只要**能表明我们这本目录起过积极的作用，他不反对再编辑一本目录。

　　我碰到这种情况，自然想到了你。我想请您和居住在美国各地的其他四十九位建筑师帮我解决这个问题。

　　我为了不给您造成太大麻烦，在这封信的背后写了几个简单的问题。您如果能填上答案，再做些简单评论，并抽时间把答卷放进贴好邮票的信封，寄回给我，我将不胜感激。我将把您帮的这个忙铭记在心。

您不必对此有任何负担。我想让您做的很简单。你只需用您的经验回答，这本目录是中止编辑还是继续出新版就可以了。我诚挚地期待您的回答和建议。

无论如何，我都会对您给予的帮助致以深深的谢意。

你真诚的

营销经理肯·戴克

敬上

我需要在这里提出一点警示。我从过去的经验里知道，一些人读了这些信以后，会机械地照搬信中的心理策略。他们会用浮夸的吹捧，而不是真诚的赞赏去激励人。他们的伎俩是绝不会奏效的。

记住，所有人都渴望被赞赏和被认可。但没人喜欢浮夸和伪善。

我再重复一遍：只有真诚待人，书中提到的这些原则才会起作用。这本书讲的是人的处世之道，容不下半点虚假和投机取巧。

第六部

让家庭生活幸福的
七个规则

第一章

如何以最快最稳妥的方式自掘
婚姻的坟墓

七十五年前，拿破仑·波拿巴的侄子拿破仑三世爱上西班牙特瓦的女伯爵玛丽·欧亨尼娅·伊利亚斯·奥古斯丁·德·蒙蒂霍，并和她成婚。拿破仑三世的谋士说伊利亚斯只不过是个地位平平的女伯爵，没有联姻的价值。拿破仑三世反驳道："那又怎么样呢？"伊利亚斯的风度、美貌和智慧使拿破仑三世充满幸福感。他在昭告全国的演讲中说："我要娶自己爱恋和敬重的女子，不会和自己完全不了解的女人结婚。"

拿破仑三世和他的新娘拥有着健康、财富、权势、美貌、名气和民众对他们的尊敬——构成完美爱情的要素他们一个都不差，但他们的爱情之火从来没有烧旺过。

这把火很快就熄灭，变成烟散去。拿破仑三世可以让伊利亚斯当上皇后，却无法用爱的力量或皇家的威严阻止喋喋不休。

伊利亚斯出于嫉妒和怀疑，轻视拿破仑三世的命令，不让他有一点隐私。伊利亚斯在拿破仑三世讨论国事时闯进他的办公室，打断君臣间的重要讨论。她不让拿破仑三世独处，担心他会和其他女性闹出风流韵事。

伊利亚斯经常跑到妹妹那里，哭着发牢骚，说丈夫这不好那不好，还经常诅咒连连。她经常闯进拿破仑三世的书房，劈头盖脸地骂上一顿。拿破仑三世贵为法国皇帝，却找不到一方小室收拾自己烦躁的心情。

伊利亚斯得到了什么呢？

我们在莱因哈特的小书《帝国悲喜剧：拿破仑和伊利亚斯》里找到了答案："拿破仑受不了伊利亚斯的牢骚，经常三更半夜戴着顶遮人耳目的软帽，带着亲信侍卫从皇宫边门偷跑出去，到真正期盼他的美妙夫人那里，或干脆像童话里的国王那样，徜徉在都市的街道上，尽情呼吸外面的新鲜空气。"

这就是唠叨给伊利亚斯带来的恶果。没错，她高居法国皇后之位；没错，她是世界上最美的妇人。然而无论是皇权还是美貌都无法使她的爱情在牢骚中存活下去。伊利亚斯像老约伯那样哭喊道："我最担心的事情降临了。"拿破仑的不忠是平白无故降临在她头上的吗？是她本人的嫉妒和牢骚带来了如此不幸。

在魔鬼点燃的破坏爱情的烈焰中，牢骚是最为致命的燃料。牢骚破坏了千千万万的美好爱情，无一次失手。它像毒蛇的毒汁一样，永远侵蚀人类的生命。

托尔斯泰的夫人也发现了这一点——可惜发现得太迟。她临死前向女儿们承认："我促成了你们父亲的死。"女儿们什么话都没说，已经哭成一团。她们知道母亲说的是事实，知道母亲用不断的抱怨、批评和唠叨，喋喋不休地把父亲害死了。

托尔斯泰夫妇理应快乐地享受优越的生活。托尔斯泰是世界上最著名的小说家，他的《战争与和平》和《安娜·卡列尼娜》在世界文学史上闪烁着璀璨光芒。

他非常有名望。他的追随者把他的每句话都记录下来，甚至连"我想我要去睡觉了"也不漏过。苏联政府把他写下的每句话都集结成册，他的书合计有一百多册。

托尔斯泰和夫人除了名誉，还有财产、社会地位和可爱的孩子们，可以算是完美无缺。起初，他们的爱情十分完美，十分和谐。他们跪在一起，感谢万能的上帝赐予他们的所有快乐。

突然间发生了一件惊人的事情。托尔斯泰渐渐变成一个完全不同的人。他对他之前写的那些伟大著作感到很羞耻。从那时起，他专心撰写各种小册子，宣扬和平，号召全社会联合起来，消除战争和贫穷。

这位曾承认年轻时犯过包括谋杀在内所有罪行的小说家，发誓遵从基督的教训。他把所有的地给了他人，过着贫苦的生活。他去田间工作，砍木、堆草，自己做鞋，打扫，用木碗盛饭，尝试爱他的仇敌。

托尔斯泰的一生是一幕悲剧，而造成悲剧的原因，则是他的婚姻。他妻子喜爱奢侈，他却追求简朴。她渴望名誉和社会各界的赞美，可托尔斯泰对这些不屑一顾。她追求金钱和财产，而托尔斯泰视金钱为粪土。

多年来，这位夫人一直为托尔斯泰放弃著作的版税而牢骚吵闹。托尔斯泰夫人希望得到丈夫作品所带来的全部财富。

托尔斯泰对她稍有异议，她就会像疯了似的哭闹，躺在地板上打滚。她手拿鸦片烟膏，威胁要吞服自杀。她有时恫吓丈夫，说自己要跳井。

在他们的婚姻生活中，有一幕最为悲惨。我前面已经说过，这段婚姻一开始非常美满，但四十八年之后，托尔斯泰不想再看妻子一眼。

一天晚上，这位渴望爱情的老妻跪在丈夫膝前，央求他朗诵五十年前为她写的爱情诗篇。他读到那些已经逝去的美丽日子，两人都激动地哭起来……现实生活和逝去的回忆是多么不同啊！

一九一〇年十月一个大雪纷飞的夜晚，八十二岁的托尔斯泰再也忍受不住家庭带来的痛苦，背着妻子逃出家门——在寒冷的黑暗中漫无目的地行走。

十一天后，托尔斯泰因肺炎死在一个火车站，临死前请求他人不许他的妻子来看他。

这是托尔斯泰夫人为牢骚、抱怨和歇斯底里的吵闹付出的代价。

人们也许会认为，她确实有许多地方可以唠叨的！但这根本无关紧要。问题在于：她是否从抱怨中得到了些什么。

"我想我真的精神不正常！"这是托尔斯泰夫人对自己的评价，但她想到这点时为时已晚。

亚伯拉罕·林肯一生中最大的悲剧也是婚姻。请读者注意，不是被刺，而是婚姻。布斯开枪时，他并没感觉到自己受了伤，因为他几乎每天都生活在痛苦中。他在法律界的同仁赫恩顿这么形容他二十三年来过的日子："一直处在婚姻不幸所造成的痛苦中。""婚姻不幸"吗？这说法还太轻巧了些。林肯被夫人的喋喋不休几乎困扰了四分之一个世纪。

她老是抱怨，永远在责备丈夫。她认为丈夫林肯所做的一切，没有一件是对的。她抱怨丈夫溜肩，抱怨丈夫走路像印第安人一样直上直下。她说林肯的步态一点也不优雅，动作一点也不流畅。她就像列克星敦名媛学校的老师，让林肯这样那样。

她不爱看林肯那和头成直角的两个大耳朵。她责备丈夫的鼻子不挺直，下嘴唇往外突，看上去像个痨病鬼，甚至数落丈夫太大的双手和稍小的头颅。

亚伯拉罕·林肯和玛丽·托德·林肯在各方面都是相反的：教养、成长环境、性情和志趣。他们时常会激怒对方。

已故参议员阿尔伯特·比弗里奇是研究林肯生平的权威。他在关于林肯的传记中写道："林肯夫人那尖锐刺耳的声音，隔一条街都能听到。她不断怒吼，邻近的人都听得见。她常用非言语的方式发泄怒火，火爆脾气一旦爆发，很难平息。"

有这样一件事：林肯夫妇结婚后不久，和雅各布·欧莉夫人住在一起——她是斯普林斯菲尔德镇上一个医生的寡妻，为了贴补家用，不得不出租房间。

有一天早晨，林肯夫妇正在吃早餐时，林肯不知怎么激起妻子的暴怒。林肯夫人在盛怒之下，端起一杯热咖啡，朝丈夫的脸上泼去。她是当着许多其他租客的面这样做的。

林肯不说一句话，忍着气坐在那里。欧莉夫人过来，用毛巾把林肯脸上和衣衫上的咖啡拭去。

林肯夫人的嫉妒几乎令人无法相信。她的狠毒行为通过上述事例可见一斑，在七十五年之后读到，仍然使人非常吃惊。最后，她精神失常了。厚道一点说，她也许一向有那么一点神经质。

所有这些吵闹、责骂和喋喋不休，是不是把林肯改变了呢？从某一方面讲，的确是的。这改变了林肯对她的态度，使他对这桩不幸的婚姻感到后悔，使他尽量避免跟妻子见面。

斯普林斯菲尔德镇有十一位律师，镇上的活儿完全不够他们分。他们会骑着马，跟着担任巡回法官的戴维斯法官，在各处的临时法庭上找点事做。他们用这种方式在第八司法管辖区勉强养家糊口。

其他律师都希望周末回斯普林菲尔德，跟家人欢度周末。可是林肯不回斯普林菲尔德，他就怕回家。春季三个月，秋季三个月，他宁愿留在他乡，不愿意接近斯普林菲尔德。

林肯每年都是如此。住在村里的小旅店可不是件舒服的事情！可林肯情愿一个人住旅店，而不想回家忍受夫人喋喋不休的牢骚。

这就是林肯夫人、伊格尼斯皇后以及托尔斯泰夫人对丈夫发牢骚的结局。她们什么都没得到，收获的只是悲剧般的婚姻。她们把自己珍爱的一切和爱情一起毁灭了。

贝茜·汉姆伯格在纽约民事法庭工作了十一年，处理过一千多宗离婚案。他说丈夫离婚的最主要原因是妻子唠叨。正如《波士顿邮报》所言："很多妻子用一连串的唠叨造就一座婚姻的坟墓。"

因此，你如果希望家庭生活一直幸福，第一条规则是：

切勿发牢骚！！！

第二章

爱，就给予自由

两度出任英国首相的迪斯累利说："我一生或许有过不少错误和愚行。可是我绝对不打算为爱情而结婚。"

是的，他的确没有。他三十五岁前一直独身，后来，向一个有钱的寡妇求婚。这个寡妇比他大十五岁，经过五十载寒暑，头发灰白。他是因为爱情求婚的吗？不，绝对不是。她知道迪斯累利并不爱她，而是为了钱而娶她。但她只要求一件事：迪斯累利等她一年。她要先考察迪斯累利的品格。一年后，他们结婚了。

这桩婚姻听起来平淡无奇，几乎像是在做买卖，是不是？可让人难以理解的是，迪斯累利的婚姻是被人称颂是最美满的婚姻之一。

迪斯累利选择的有钱寡妇既不年轻，也不漂亮，话中常有文学和历史错误，常常被人讥笑。比如说，她永远都不知道是希腊先存在还是罗马先存在。她在穿衣打扮上的品位也很古怪，对房间陈设一窍不通。可她是个天才，在婚姻中最重要的事——对付男人的艺术——方面是个天才。

她从不用智力和迪斯累利抗衡。他一整个下午与精明的贵妇人们钩心斗角，精疲力竭地回到家时，玛丽·安妮立刻给他提供一个放松安歇之所。家庭是迪斯累利可以放松神经，得到夫人仰慕的地方。在家的时间，是迪斯累利一生中最愉快的时间。夫人既是他的贤内助，又是他在各个方面的顾问。他每天晚上回到家以后，总把白天在众议院看到的和听到的事告诉她。两人关系中最重要的一点是：他无论打算干什么，玛丽·安妮都坚信他绝不会失败。

整整三十年，玛丽·安妮为迪斯累利而活，为迪斯累利一个人而活。在她看来，她的财产之所以有价值，是因为它能使迪斯累利生活幸福安逸。而玛丽·安妮是迪斯累利心目中的英雄。他陈情维多利亚女皇册封玛丽·安妮爵位，自己甘当平凡的下院议员。于是，在一八六八年，玛丽·安妮被册封为毕根菲尔德子爵，迪斯累利在她过世后才得到爵位。

不管她在众人面前表现得如何愚蠢，迪斯累利从来不批评她。他从来没有责备过妻子一句！如果有人胆敢嘲笑她，他会立即站出来为妻子辩护。

玛丽·安妮远远算不得完美，但在和迪斯累利的三十年婚姻生活中，她总是谈论丈夫！称赞他，钦佩他。结果呢？用迪斯累利自己的话说："结婚三十年，我从没厌倦过她。"（竟然有人觉得她不通历史就是愚蠢。）

在迪斯累利看来，玛丽·安妮是自己一生中最重要的财富。而玛丽·安妮常告诉朋友们："感谢上帝的慈爱，我这一生过得非常快乐。"

他们俩之间有个小笑话。迪斯累利说："你知道吗，我是为了钱才和你结婚的。"玛丽·安妮会笑着回答说："是的，但你如果再次向我求婚，一定是因为爱我，是不是？"

迪斯累利承认妻子是对的。

玛丽·安妮并不完美。迪斯累利很聪明，没有硬要改变她。

正如心理学家威廉·詹姆斯所言："与人交往，首先要学会不干涉他人自得其乐。他人自得其乐的方式只要不与我们自得其乐的方式相抵触，永远不要干涉他人。"

这句话很重要，值得重复一遍："与人交往，首先要学会不干涉他人自得其乐。他人自得其乐的方式只要不与我们自得其乐的方式相抵触，永远不要干涉他人。"

莱兰·福斯特·伍德在其著作《在家庭里共同成长》中有过类似描述："找到合适的对象，做对的对象，才是婚姻的真谛。"

因此，你如果希望家庭生活幸福，第二条规则是：

不要试图改变配偶。

第三章

你这么做，将会看到里诺^① 的日程表

迪斯累利在政治上的劲敌是格莱斯顿。他们两人在每次辩论中都要起冲突。可他们在一件事上却是相同的，他们的私人生活都非常快乐。

威廉·格莱斯顿和凯瑟琳·格莱斯顿一起生活了五十九年。在这接近六十年的漫长岁月中，他们相敬如宾，不离不弃。我经常可以想见这位英国伟大首相握着妻子的手，在地毯上唱歌的情景：

衣衫褴褛的丈夫和吵闹不休的妻子，
他们能吵吵嚷嚷地过上欢喜快乐的一辈子。

格莱斯顿在公众面前是个威严冷峻，喜欢辩论的人物，但在家里却从不批评任何人。早晨下楼用餐时，如果看到家里还有人睡着

---

① 美国离婚圣地，只要在该地居满六个星期（现今），就可申请离婚。

没起床，他会用一种温柔的方法来表示责备。他提高嗓音，唱出一首歌，让家人们知道英国最忙的人正独自一人等候他们用餐。格雷斯顿用这种体贴入微的外交方式避免了家里的争战和吵闹。

俄国的凯瑟琳女皇也曾经这样做过。凯瑟琳统治着世界上幅员最辽阔的帝国，掌握着千百万民众生杀予夺的大权。在政治上，她是一个残忍的暴君，好大喜功的接连战争，将几十个政敌判处了死刑。但如果她的厨师把肉烤焦了，她会什么话也不会说，微笑着把肉吃下去。她的这种忍耐应该为美国的男性同胞们所效法。

多萝茜·迪克斯是美国研究不幸婚姻的权威。她认为，百分之五十以上的婚姻都归于失败；为什么许多甜蜜的爱情会在结婚以后触礁呢？原因无外乎是批评，无用的令人心碎的批评。

因此，你如果希望家庭生活一直幸福，第三条规则是：

不要互相指责。

别以为我是要阻止你批评孩子……不，不是那么回事。我只是想告诉你，你批评他们之前，不妨读一读那篇名为"父亲忘了什么"的文章。这篇文章刊载于《当代家庭》杂志。我征得原作者的同意，像《读者文摘》那样，在本书中刊出其缩略版。

"父亲忘了什么"是一篇引发无数读者共鸣的短文，被许多书籍和杂志转载。正如短文作者列文斯顿·拉内德所言："在数百种杂志、公司刊物和全国各地的报纸上刊出，同时也译成很多种外国文字。我答应很多人允许其在学校、教会的讲台上宣读本文，在许多电台广播本文。让我感到惊奇的是，大学和中学里的杂志也采用这篇短文。一篇短文有时会产生奇特的效果，这一篇就是如此。"

父亲忘了什么

列文斯顿·拉内德

儿子，你安静地听着：你在沉沉地酣睡，小手贴着面颊，金色的卷发汗湿在额头上。我悄悄地走进你的睡房，看着如此惹人怜爱的你，有几句话想要对你说。几分钟前，我在书房看论文，突然感到一股强烈的负疚感，于是走到你的床边。

儿子，我想到了几件事。我对你太苛刻了。你早晨穿衣上学前，用毛巾轻轻擦了一下脸，我责备了你；你没有把鞋擦干净，我责备了你；我看到你把东西乱丢在地上，也大声责备了你。

你吃早餐时，我对你百般挑剔。我说你这也不对，那也不是：你不该把臂肘放在餐桌上，不该往面包上抹太多奶油。你在玩耍，我去赶车上班时，你转过身来，向我挥挥手，说："爸爸，再见!"我又把眉头皱起来，叫你快回家去。

午后，这种情形又上演一遍。我从外面回来，发现你跪在地上玩石子，袜子上有几个破洞。我在你的小伙伴们面前羞辱你，说袜子很贵，如果袜子是你自己买的，你才不会像现在这样不小心呢!然后我拖着你回家。想想看，这种话竟然出自一个父亲之口!

你还记得吗？后来我在书房看书时，你羞怯地地走进来，眼里带着受伤的神情。我抬头看你，对你来打扰我很不耐烦，发怒地问你："你到这儿来干什么？"

　　你没有说什么，突然跑过来，投进我的怀里，用手臂搂住我，亲我的脸。你的小手紧紧搂住我，满怀上帝栽种在你心里的像绚丽花朵一样的强烈感情。这种感情虽然被人忽略了，但永远不会消失。你亲了我以后，就离开我，跑上楼去了。

　　儿子，你走后没有多久，报纸突然从我手中滑落，我心里感到痛苦和恐惧。我的这些坏习惯造成了什么样的恶果啊！这些没错找错、胡乱指责人的坏习惯绝不应该用在这么小的孩子身上。儿子，我不是不爱你，而是对你期待过高。我是在用对待我这个年龄的人的标准在衡量你。

　　儿子，你有很多优点。你幼小的心灵，像映照在群山上的曙光一样宽广。你突然跑进书房亲我，跟我说晚安这件事就是例证。儿子，我今天晚上什么都不准备做了，我只想在黑暗里跪在你的床边，为自己的行为感到羞愧。

　　这是点微不足道的补偿。我如果在你还没睡着时说出这些话，我想你是不会理解的。但在明天，我终将成为一个真正的父亲。你笑的时候，我也跟着笑；你痛苦的时候，我愿意陪你一起承受痛苦。我当沉不住气想要批评你时，会咬住舌头，不让自己说话。我会像背诵经文一样不断对自己说："他只是个孩子，一个年幼的孩子。"

　　我先前把你当成成年人看待了。但我看到你疲倦地酣睡在小床上的样子，才明白你还是个小孩子。昨天，你还躺在你母亲的怀里，把头依偎在她的肩膀上。是的，你还是个需要母亲爱抚的孩子。我对你的要求实在太多了！

第四章

让所有人都开心的一种快速方式

　　"多数男子在寻求伴侣时，"洛杉矶家庭关系研究所所长保罗·鲍普诺博士说，"寻求的不是有才干的女子，而是长得漂亮，能满足他的虚荣心和优越感的女子。因此会有这样一种情形：一位担任经理的未婚女性被男士邀去吃午饭，女经理在餐桌上很自然地搬出她在高等学府学到的渊博学识。吃完午饭以后，女经理坚持要付她的那部分饭钱。结果从那以后，再也没人和她一起用餐了。

　　"而一个没有进过高等学府的女打字员，被男士请去吃午饭时，会热情地注视男伴，带着仰慕的神情说：'我很喜欢听你说的这一切，再跟我多说一点。'结果这位男士告诉他人：'她虽然并不十分美丽，可是我从未遇到过比她更会说话的人。'"

　　男士应该对女士追求美丽和得体服饰的努力表示赞赏，可是男士们都忘了这一点。他们稍微留意，就该知道女人是多么重视衣着。比如说，一对男女在街上遇到另外一对男女，女士一般很少注意对面的男士，总是去看对面的女士究竟是如何打扮的。

　　几年前，我奶奶以九十八岁高龄去世。她去世前不久，我们拿出一张她三分之一个世纪以前的照片给她看。她的眼睛已经看不清楚东西，但她提出的唯一的问题是："我那时穿的是什么样的衣服？"你们想想，一个已经认不出自己女儿、卧床不起的老太太，还想知道自己在拍那张老照片时穿的是什么衣服。奶奶问这个问题时，我就在她的床边。我永远都不会忘了这件事。

读这几行文字的男士们或许不会记得自己五年前穿的是什么样的外衣，什么样的衬衫。但女人是完全不一样的生物。作为美国男人，必须认清这一点。法国上流社会的男士赞赏女人的衣着打扮，而且一晚不止赞赏一次。五百万法国男士是不会错的！

我曾经在剪报上看到过一个故事，我知道这个故事不是真的，但它说明了一个真理。我把这个故事复述一遍：

这个故事愚蠢而可笑：一个农家女子在操劳了一整天以后，在家里的男人们面前放下一大堆草。家里的男人们问她是不是疯了。女子回答说："我怎么会知道你们会注意这些？我替你们做了二十多年饭，从没听过你们对我的饭菜做过一个字的评价。就算给你们吃草，你们应该也无所谓吧？"

莫斯科和圣彼得堡养尊处优的贵族们都有很好的礼貌。在沙俄时代，上层人士有个习俗，他们吃了一道美味佳肴以后，一定会把厨子叫到餐厅来，接受他们的称赞。

为什么不把同样的方法用在你太太身上呢？当她把一盘鸡烧得美味可口时，记得告诉她你很欣赏她的手艺——让她知道你不是在吃草！就像好莱坞女明星得克萨斯·圭南格恩常说的那样："给小姑娘一点掌声。"

绝不要害怕让她知道，她对你是多么重要。迪斯累利身为英国杰出的政治家，从来不耻于让世界知道"他的成就都归因于身后的那位小妇人。"

我一天翻看杂志时，读到一篇对好莱坞影星埃迪·康德尔的专访。

"在全世界所有的人中，太太对我的帮助最大，"埃迪这样说道，"她是我青梅竹马的好朋友，帮我勇往直前。我们结婚以后，她省下每一分钱，为我投资再投资，替我积累一笔财产。现在我们有五个可爱的孩子，她总是为我布置好可爱的家。因此，我如果有任何成就，那都得要归功于我的太太。"

在好莱坞，结婚是件冒险的事，连伦敦的劳埃德保险公司都不愿这样的婚姻担保。在不多的美满婚姻中，沃纳·巴克斯特夫妇是著名的一对……巴克斯特夫人的闺名叫温妮布莱德·布莱森，她放弃极有前途的舞台事业，嫁给巴克斯特。她虽然牺牲了事业，却并未失去快乐。"她失去了舞台上的掌声，"沃纳·巴克斯特说，"但是我让她感受到了我全心全意的称赞。一个女子在丈夫的欣赏和赞美中能得到最大的快乐。丈夫的欣赏和赞美如果是发自内心的，那么这个丈夫也从欣赏和赞美中得到了快乐。"

的确如此。因此，你如果希望家庭生活一直幸福，第四条规则最重要：

给予真诚的欣赏。

第五章

这些事对女人意义重大

自古到今，鲜花都被认为是爱情的代言人。它们不会花费你多少钱，在鲜花盛开的季节，在街口就可以看到卖花人。然而，做丈夫的是不是经常会忘记带束花回家呢？带花回家的次数，是不是像珍稀兰花和盛开在阿尔卑斯绝壁上的火绒草一样稀少呢？

为什么一定要等到太太病倒进医院才送给她花呢？为什么不今晚就送她几朵玫瑰花呢？不妨记住这件事，试一试，看看效果如何！

制片人乔治·科汉是百老汇的大忙人，但在母亲去世以前，他坚持每天给母亲打两次电话。每个电话都有什么非说不可的大事吗？没有，当然没有。但这种关注的意义很大：它表明你一直想着所爱的人，想让她开心，她快乐和幸福对你非常重要。

女人对生日和纪念日都很重视——为什么会如此？这是女人心理中一个难解之谜！许多男人不记得许多纪念日，浑浑噩噩地过了一生。但有四个日子绝不能忘：哥伦布发现新大陆日，美国独立日，妻子的生日，结婚年月日。你如果不能记住前两个日子，那请一定记住后面两个日子。

　　处理过四万宗离婚案例、成功调解了其中两千宗的芝加哥法官约瑟夫·塞巴斯说："大多数不幸婚姻的根源都在于细枝末节的小事。妻子如果在丈夫早晨离家去上班时挥手和他说再见，就能避免许多桩婚姻破裂。"

　　罗伯特·布朗宁和伊丽莎白·巴雷特·布朗宁是一对令人艳羡的理想夫妇。罗伯特从没忙得忘了小小恭维妻子一番，来保持爱情的活力。他对生病的爱妻关怀备至。伊丽莎白在给姐妹们的信中说："我现在理所当然地觉得我是个天使了。"

　　很多男士低估了这些琐碎小事的意义。正如盖伊诺尔·麦道克斯在《图鉴》杂志上所言："美国的家庭可以养成一些新的习惯。比如说，我们可以让女士们在床上吃早餐，女士们都想任性地这样干上一次。在床上吃早餐对女士的吸引力，和私人俱乐部对男士的吸引力不相上下。"

　　婚姻是由一连串琐事构成的漫长过程。忽视这一点，你的生活将会面临灾难。普利策奖获奖诗人埃德娜·圣文森特·米莱在诗作中总结道：

　　　　使婚姻受伤的不是爱情的逝去，
　　　　而是一连串点滴小事。

　　每个人都需要牢记这句诗。在离婚圣地里诺，每周开庭六天的法庭十分钟就要处理一件离婚案。你觉得这些案子有多少是真正的悲剧造成的呢？我向你们保证，这样的案子极少。你如果抽出一整天，聆听怨偶们陈述离婚理由，就会发现，导致离婚的都是那些"对爱情造成伤害的一连串点滴小事"。

拿出口袋里的小刀，把下面这段话裁剪下来，贴在你每天刮脸必定会看到的镜子上：

"我从这里只路过一次。因此，我如果能做什么好事，施行什么仁慈，现在就去做吧。不要拖延，不要忽略，因为我只将从这里路过一次。"

因此，你如果希望家庭生活一直幸福，第五条规则是：

注重生活中的小事。

第六章

你如果想快乐，别忽略这一点

沃尔特·达姆洛什娶了一度是美国总统候选人的演说家詹姆斯·布莱恩的女儿为妻。他们在苏格兰安德鲁·卡内基的老家相识、相爱、成婚，一直过着幸福的生活。

他们婚姻幸福的秘密是什么呢？

"除了慎重选择结婚对象，"达姆洛什夫人说，"我觉得婚后的礼貌是最重要的。年轻的妻子应该像对待第一次见面的客人那样对待丈夫，任何一位丈夫都会害怕粗鲁的妻子。"

粗鲁是侵蚀爱情的毒药。每个人都知道这一点。但我们对待客人总会比对待自家人礼貌得多。

亨利·克莱·里斯纳曾说："谦逊有礼之人，可通过他人破败的心门，看到庭院里的花朵。"

礼貌之于婚姻，就像汽油之于汽车一样重要。

著名诗人奥利弗·文德尔·霍尔姆斯被称为"餐桌上的独裁者"，据说他在家里非常专制。但他其实是个对家人考虑入微的人。他感到不愉快时，总是藏起忧虑，不让家里人知道。他说，这些痛苦已经够自己受得了，为何还要让其影响家里的其他人呢？

霍尔姆斯能做到这一点，我们普通人又如何呢？我们在工作中经常犯错：搞砸了一桩交易，或被老板批评两句。然后我们就感到头疼，巴不得赶紧回家。我们回家以后，会把在办公室里受的气一股脑发泄在家人身上。

荷兰人进家门以前，会把鞋子脱在门外。我们应该学习荷兰人的这一点，在进家门之前，把在日常工作中遇到的烦心事抛诸脑后。

心理学家威廉·詹姆斯曾经写过一篇《论人类的一种盲目》的文章。文章很值得一看。"本文所要讲的盲目，"他在文章中写道，"是指对他人感受的漠视。我们对家人经常会有这种盲目。大多数人不会对客户和同事厉声说话，但经常对妻子咆哮。可是他们要想幸福，家庭远比工作重要。"

婚姻幸福的人比孤独的天才更快乐。俄国小说家屠格涅夫闻名世界，可他自己说过："如果有个女人在家里，关心我晚上回不回家吃饭，我情愿放弃才华和所有的作品。"

婚姻幸福的几率究竟有多大呢？前文提到，迪克斯女士觉得半数以上的婚姻都是失败的，不过保罗·鲍普诺博士并不这样想。他说："一个人在婚姻上成功的机会，比在其他任何事情上成功机会都大。开杂货店的人十之有七会失败，可婚姻失败的人只有三成。"

多萝茜·迪克斯女士对做过这样的总结：

"与婚姻相比，出生只是短暂的一幕，死亡更是琐碎的意外。

"女人始终无法理解，男人为何不像经营事业那样经营家庭，使家庭生活愈加幸福美满。

　　"有些男士认为，娶到让自己满意的妻子，拥有幸福的家庭，比获得万贯家财重要。但很少有男人认真思考，怎么努力经营，才能让婚姻幸福。他们把一生最重要的事情交给命运，认为婚姻美满与否，完全是注定的。女人们永远不会明白，丈夫为何不能对她们使用点社交手段。为什么不能用温柔来代替高压。要知道，温柔对双方都有益。

　　"每个男人都知道，把夫人哄开心了，就可以差遣她无条件地去做任何事。他们也知道，简单恭维夫人几句，说她如何会管家，如何帮他的忙，夫人就会省下每一个铜板。他们还知道，称赞夫人去年做的那套衣服如何漂亮，她就决不会再订制一套巴黎新款时装。每个男人都知道，只要把妻子的眼睛吻得闭起来，她就会盲如蝙蝠；只要在她的唇上热情地一吻，她就会哑如牡蛎。

　　"每个女人都知道丈夫明白这一切。她已经为丈夫准备好这套程式，希望他照着做。可她对丈夫爱恨交加，因为丈夫宁可跟她吵闹，宁可浪费钱替她买新衣、新车和珠宝，也不愿奉承她几句，不愿意像她期望的那样，和她相敬如宾。"

　　因此，你如果希望家庭生活一直幸福，第六条规则是：

　　对配偶讲礼貌。

第七章

别做“婚盲”

美国社会卫生局的总干事凯瑟琳·贝蒙特·戴维斯博士曾经让一千名妇女回答一组关于婚内性生活的问题。调查结果令人震惊——大多数美国人的性生活都很不快乐。戴维斯博士对这些问卷进行追踪调查以后，发表论文，指出大部分美国人离婚的原因在于性爱不协调。

汉密尔顿博士的研究证明了戴维斯博士的结论。汉密尔顿博士花费四年时间，跟踪一百个丈夫和一百个妻子。他问了他们有关婚姻生活的四百个问题，不厌其烦地跟他们探讨婚姻中存在的问题。这个研究课题具有非常重要的社会意义，得到许多慈善家的资助。你们可以在汉密尔顿博士和肯尼斯·麦克戈万的论文《婚姻怎么了？》中了解这个课题的研究结果。

婚姻究竟怎么了呢？“只有最武断的心理学家才会说，婚姻的裂痕不是由性爱上协调导致的，”汉密尔顿博士说，“事实上，夫妻性生活如果非常美满，生活中的一些小冲突会因此而烟消云散。”

洛杉矶家庭关系研究所所长保罗·鲍普诺博士研究了上千人的

婚姻状况，是美国婚姻家庭学方面最权威的专家。在他看来，婚姻失败主要是因为四个原因。按照重要性，四个原因排序如下：

一、性生活不协调。

二、关于假期安排意见不同。

三、经济原因。

四、情感、身体或心理状况异常。

性生活问题居然排在第一位。经济原因竟然只排在第三位。出人意外。

所有婚姻问题专家都认为性生活协调是成功婚姻的必备条件。几年前，见证了数千个家庭悲剧的辛辛那提民事法院法官霍夫曼说："十分之九的离婚是性生活不睦造成的。"

著名心理学家约翰·沃特森说："性是人生中最为重要的课题，男男女女的不幸，归根到底都是由性引起的。"

好几个医生在我的班上表达过类似观点。在科学和教育都非常发达的今天，如果因为性这个最原始最自然的问题导致男女关系破裂，那不是太可怜了吗？

卫理公会牧师奥利弗·巴特菲尔德放弃从事了十八年的教职，到纽约市的家庭服务中心工作。他和大多数人一样，很早就结了婚。他说："我根据早年当牧师的经验来看，来找我的大部分新婚夫妇尽管相亲相爱，有共同目标，但对婚姻一无所知。"

婚姻的文盲！这是一件多么可怕的事啊！

他又说："一想到有这么多的婚姻需要调适，需要靠运气维系，你会觉得百分之十六的离婚率真是太低了。很多夫妇实际没有结婚，只是没离婚而已：在家里过着地狱般的生活。

"幸福的婚姻不是靠运气得来的，"巴特菲尔德博士说，"婚姻就像建筑，要严肃认真地仔细规划。"

为了帮助新婚夫妇做好婚姻规划，多年来，他坚持要求由他证婚的年轻夫妇，跟他讨论两人的未来计划。他从这些讨论中得出一个结论：许多急于结合的人都是"婚姻盲"。

"性只是婚姻中令人愉悦的一种元素，"巴特菲尔德说，"但只有性生活协调，婚姻中的其他方面才会协调起来。"

如何让性生活协调呢？

巴特菲尔德博士说："敞开心扉地交谈，不要沉默不语，还要不断地实践。书籍会帮到你们，除了我自己的《婚姻与性的和谐》，我还想推荐几本书。"

"在这类书中，有三本适合大众阅读：伊莎贝尔·霍顿著《婚姻中的性技巧》，马克斯·埃克纳著《婚姻中的性》，以及赫莱纳·怀特著《性在婚姻中的作用》。"

因此，你如果希望家庭生活一直幸福，第七条规则是：

读一本关于婚姻中的性的好书。

从书中学习性知识吗？为什么不可以呢？几年前，哥伦比亚大学联合美国社会卫生局，聘请知名学者，和大学生讨论性和婚姻问题。在研究会上，保罗·鲍普诺博士说："离婚率正在逐渐降低，降低的原因在于越来越多的人开始读关于性和婚姻的教育类书籍。"

　　我真心感到，在结束"如何保持家庭幸福美满"这一部分内容时，应该以科学的态度，推荐几本有助于解决这一重要但难解问题的书籍，下面就是我列出的书单：

　　《生育控制及其正误谈》，多萝茜·顿巴·布罗姆利著，穆森出版公司——全美妇孕保健协会秘书长罗伯特·迪金森博士作序。

　　《婚姻中的性》，马克斯·埃克纳著，乔治·麦克劳伊德出版公司——讨论婚姻中性问题的宝典。

　　《性的选择》，蒙塔什·厄尔斯金著，穆森出版公司——父母必读的儿童性教育指导书。

　　《婚姻的准备》，肯尼斯·沃克尔著，乔治·麦克劳伊德出版公司——这本书对婚姻中的问题进行了深入浅出的分析，是年轻男女进入婚姻殿堂前的指导书。

　　《婚姻中的爱》，玛丽·斯托普斯著，麦克兰德和斯图亚特出版社——严肃认真地探讨了婚姻中的问题。

　　《婚姻中的性》，厄内斯特·格鲁夫斯和格拉迪斯·格鲁夫斯著，乔治·麦克劳伊德出版公司——这本书全面分析了婚姻中的性问题。

　　《人生中的性》，玛丽·怀尔·德内特著，作者自费出版——青少年性启蒙书。

　　《婚姻和性的和谐》，奥利弗·巴特菲尔德博士，作者自费出版——作者针对夫妻间性问题的论文集。

　　《婚姻指南》，汉娜博士和亚伯拉罕·斯通合著，穆森出版公司——性和婚姻问题实用指南。

总结

让家庭生活幸福的七个规则

规则一：切勿发牢骚。

规则二：不要试图改变配偶。

规则三：不要互相指责。

规则四：给予真诚的欣赏。

规则五：注重生活中的小事。

规则六：对配偶讲礼貌。

规则七：读一本关于婚姻中的性的好书。

一九三三年，《美国》杂志六月号发表埃梅特·克罗泽尔的文章《婚姻为什么会走向失败》。下面是文章提出的问题。你们或许觉得这些问题值得一答。如果是这样，请认真回答。得出肯定答案，给自己计十分，看看最后能得到多少分。

给丈夫的问题

一、你现在还会向妻子"献殷勤"吗？送花，送生日和结婚纪念日礼物，或其他出其不意的甜蜜行为都算。

二、你是不是足够细心，不在人前评判妻子呢？

三、除了家用，你会不会另外给她点钱，让她自由使用呢？

四、你是不是尽量了解她，帮助她度过疲倦、紧张、易怒的时刻呢？

五、你是否拿至少一半的业余时间与她共处呢？

六、你是不是不会拿她的厨艺和你妈妈或是同事妻子的厨艺比较，而只是提到她的长处呢？

七、你对夫人的兴趣爱好、社交活动和阅读的书籍是否感兴趣？

八、你能熟视无睹地看着妻子和别的男人跳舞，容忍她和别的男人交友吗？

九、你会时常找机会赞美她，对她表示敬意吗？

十、你会对夫人为你做缝袜子和补衣服这种日常小事表示感谢吗？

给妻子的问题

一、你是不是给丈夫充分的自由去从事他喜欢的事业，并不评判他的同事和秘书这种公事呢？

二、你是否尽力让家变得可爱有趣呢？

三、你是否总是更换家里的菜谱，让丈夫对用餐充满期待呢？

四、你是不是对丈夫的工作有所了解，可以对他提出些有见地的意见呢？

五、你能否乐观勇敢地面对家庭财务上的困难，不指责丈夫的过错，不拿他和事业更成功的男人相比较呢？

六、你是不是努力与婆婆以及丈夫的其他亲戚和睦相处呢？

七、你在选择衣着的颜色和款式时，有没有考虑过丈夫的感受呢？

八、你和丈夫意见相左时，有没有稍作忍让呢？

九、你有没有努力了解丈夫的喜好，使你们能有更多时间共享欢愉呢？

十、你是否了解最新的时事动态，最新的书籍和发明，以跟上丈夫日益开阔的眼界呢？

我应用本书所授原则的心得体会

我应用本书所授原则的心得体会

我应用本书所授原则的心得体会

我应用本书所授原则的心得体会

索 引